读客® 为孩子健康成长而读书!

能让孩子获益一生的礼物,
是尽早把自己培养成完美的妈妈!

不批评才能培养出自觉主动的孩子

—— 以"表扬"为基础的教育，才能从根本上改变孩子的行为！——

〔日〕奥田健次 著
李友敏 译

北京联合出版公司

如果能像书中的父母那样教育孩子，对孩子而言，真的是一件幸福的事。当孩子完成任务，我们发自内心地表扬孩子，让孩子一步一个脚印地实践。当孩子做了不该做的事，不批评他，而是给予鼓励。

孩子总是玩得忘记时间、不督促就不整理房间、净做一些不让他做的事……这些常见问题都可以在这本书中找到答案。虽然这些问题绝不是一天两天就能解决的，但读完后，我感到能平下心来教育孩子，让孩子快乐成长。这本书，无论如何都强烈推荐给为人父母的家长们！

——日本读者 奈奈

这本书并不仅仅要我们温柔地对待孩子，书名虽然叫"不批评"，但里面不单单是"要爱孩子""不要棍棒教育，要接纳孩子"这样的内容。对于育儿中常见的问题，作者以一问一答的形式展开。我真的很惊讶，没想到用他的方法，真的能在不批评的情况下，达到育儿的目的！的确一学就会！

——日本读者 绘里

至今我读了不少育儿书，一直没有那种"柳暗花明又一村"的感觉。但这本书是个例外！熟知儿童心理的作者，将一个全新的，甚至可以说是颠覆的观念提供给了读者。这本书写得浅显易懂，家长也能很快上手。育儿过程中最重要的，当然是家长的自我反省。我最近开始实践，6岁的女儿现在能自己收拾东西、自己穿衣服了，说不定这只是碰巧，可我相信一切都在向好的方向发展。

——日本读者 tomonohana

无论是常见问题还是棘手的少见问题，老师都讲解得很到位，传达给我们的是一种积极向上的正能量，让我对自己充满了信心！

——一位日本儿科医生

老师举的案例简洁易懂，非常实用。父母们都有必要积极学习。

——一位日本教育指导员

从古至今的育儿经中，往往充斥着"棍棒之下出孝子"之类的教条，而这本书从根本上颠覆了这个观念。在书多得堆积如山的当下，这本书属于它们当中的异类。与其看那些可有可无的育儿书，不如看这一本，我个人觉得就足够了！书里有许多具体案例，一定会让你受益匪浅。

——4岁男孩的妈妈

内容非常详尽，有逼真的场景描写（就像发生在我家），可以现学现用！不仅受到很大启发，还非常感动于作者对儿童心理的了解与把握。推荐给每一位爸爸妈妈！

——一位日本爸爸

做法很科学，我特别喜欢奥田老师所举的21个案例，虽然看上去是生活中的小事，但从我教育工作者的角度来看，这些小事往往影响着一个孩子的未来。另外，我也被老师实事求是的建议所折服。这可谓是一本上乘之作，所以大力推荐。

——一位日本教师

目 录

"我家孩子怎么会变成这样？"——写给这样想的妈妈们…1

第1章 "不批评"才能帮孩子养成好习惯 … 7

恰当的赞美和表扬，能培养出"喜欢收拾房间"的孩子 … 8

案例1 客厅弄得乱七八糟也不收拾 … 8

◎父母的赞赏和认可，轻松帮孩子养成新的习惯

◎让孩子做些力所能及的事，并尽力"表扬"他

◎批评不利于孩子良好习惯的养成

◎即使孩子没做到最完美，也可以夸他"努力尝试"和"有进步"

◎只要"糖块"，不要"棍棒"

◎多说"做得不错！""非常棒！"，能帮助孩子学会新的行为

◎只有意识到表扬的重要性，才能学会表扬

◎奥田老师应用题：
不满1岁、还不能完全听懂妈妈话的孩子，该怎么表扬呢？

与其在孩子做不到时批评他，不如在他完成后表扬他 … 16

案例2 孩子总是不主动刷牙 … 16

◎为孩子定规矩的父母是否扮演了"警察"的角色？

◎父母和老师不能成为只惩罚不表扬的警察

◎只要不觉得"理所应当"，就会经常表扬孩子

◎"禁止规则"不利于好习惯的养成

◎不放过任何一个表扬孩子的机会

案例3 孩子不能按时洗澡 … 20

◎降低期望值，才能轻松育儿

案例4 早上不能按时起床 … 22

◎看到孩子小小的进步，才能不断地表扬孩子

抓住"偶然"的机会，才能培养出"自觉主动型孩子" … 24

案例5 孩子不会主动帮助他人 … 24

◎你希望孩子只做分内的事，还是能够主动帮助他人？

◎妈妈的一声"谢谢"，是对孩子莫大的鼓舞

◎"主动做事"与"为了不挨骂而做事"的区别

◎为什么会培养出"得过且过型孩子"？

◎你希望孩子长大后成为一个什么样的人呢？

◎不要命令孩子做这做那，要学会克制！

◎奥田老师应用题：希望孩子能主动给老人让座，该怎么做呢？

想方设法表扬孩子的认真和努力 … 33

案例6 孩子总爱说"妈妈帮我"，不愿意自己去做 … 33

◎培养自信比纠正错误更重要

◎只要用心，表扬孩子的机会就无处不在

◎学会花样百出地表扬孩子

◎即使孩子失败了，也要表扬他"Good try！"

◎在孩子12岁之前，请费尽心思表扬他

◎父母的价值观会自然而然地影响孩子

第2章 别给孩子的性格贴标签，
**　　　所有问题都只是具体的行为问题…41**

怎样才能帮孩子改掉危险的习惯？…42

案例7　孩子有时会突然挣开我的手乱跑起来，
　　　　我想帮他改掉这个坏习惯…42

◎对危险的行为，要"绝对不允许"

◎即使孩子尝试100次，也无法挣脱

案例8　两岁的儿子不爱刷牙…46

案例9　孩子不喜欢吃药，一到吃药时总是跑开…46

◎恰当的说话方式和引导方式，有利于孩子改掉坏习惯

案例10　孩子喜欢当众抠鼻子…47

◎故意让孩子当场做点"麻烦事"，轻松纠正孩子的坏习惯

案例11　孩子不管在什么场合都喜欢摸自己的小鸡鸡…49

你是否将所有问题都归咎于孩子的"性格"，
对孩子只批评不表扬？…51

案例12　孩子一不高兴就会打其他小朋友…51

◎爱打人不是"性格"问题

◎你是否经常会说"这孩子到底像谁呀？！"

◎将"性格"换成"行为"来考虑问题

逼问孩子"为什么做不到？""为什么不那样做？"，
孩子的行为不会有任何变化…57

案例13　每次问女儿"为什么不那样做？"，
　　　　她总是支支吾吾答不上来…57

◎不要质问孩子"为什么？"，而要明确引导孩子的行为

◎告诉孩子具体该怎么做，才能改变孩子的行为

◎引导孩子思考解决问题的方法

◎奥田老师应用题：孩子有时会自己打开冰箱找东西吃，我该怎么教育他才好呢？

孩子爱使性子、说气话，一定要让他对所说的话负责 … 63

案例14 孩子爱发脾气、爱使性子 … 63

◎不能让孩子以为"只要使性子，父母就会听我的"

◎要让孩子知道"闹脾气必然有所失"

◎用结果告诉孩子父母的想法

◎长大成人依然爱使性子的话……

◎奥田老师应用题：怎样才能改掉小孩子爱使性子的坏习惯？

第3章 "家长主导"而非"孩子主导"，才能培养出"懂得克制的孩子" … 71

怎样让爱磨蹭的孩子不再讨价还价？ … 72

案例15 每次吃饭、换衣服时我都让孩子折腾得够呛 … 72

◎孩子反驳你，只是想让你关注他

◎让孩子知道"必须要听妈妈的话"

◎家长巧妙的处理，能让孩子喜欢上原本他觉得麻烦的事

◎试过各种方法，孩子依然磨磨蹭蹭时……

◎家长不能摇摆不定，没有主见

适当收回"特权"，可以引导孩子不再去做"不可以做的事" … 79

案例16 我家孩子不管说多少遍，总喜欢在电车上来回乱跑 … 79

◎日常生活中要"教育孩子遵守约定"

◎孩子不遵守重要约定时，要"红牌罚下"

◎懂得克制的孩子知道"哪些事情不能做"

◎尽快给孩子再次尝试的机会

◎奥田老师应用题：
孩子吃饭时总爱来回走动，怎样才能帮他改掉呢？

孩子稍稍不合心意就乱发脾气？…86
案例17 我家孩子一旦不合他心意，就会哭个不停…86
◎是否需要"一切以孩子为重"？
◎外出吃饭是教孩子学会克制和服从的好机会
◎对于没有必要让孩子作决定的事，就没必要征求孩子的意见
◎对"孩子权利"的误解会使孩子越来越任性
◎什么是真正意义上的"尊重孩子的个性"？
◎让孩子知道"很多时候由不得自己"
◎关键是要让孩子明白"有的时候必须服从"

父母的态度决定了孩子能否遵守约定…93
案例18 孩子喜欢"预支"时间…93
◎"借多少还多少"真的可行吗？
◎违反规定必然要受到处罚
◎不仅要让孩子偿还"预支"的时间，
　还要规定第二天一整天不允许玩游戏
◎怎样分清孩子的"基本权利"和"特权"？
◎家庭规则就等同于社会规则

第4章 育儿构想越具体，
　　越有利于培养出自觉主动的孩子…99
你能具体说出"想培养出什么样的孩子"吗？…100
案例19 我家孩子一受批评就爱撒谎，真让人担心…100
◎孩子撒谎时，父母不能过于追究

◎发现孩子撒谎时,也不必惊慌失措

◎缺乏远见的"模糊构想"不能成为育儿的"核心"

◎"育儿构想"要尽可能具体化

◎"希望孩子能够善解人意"是典型的模糊构想

◎要制定利于孩子成长的育儿构想

让孩子充满干劲儿的秘诀:适当利用孩子喜欢的东西 ··· *108*

案例20 孩子对待足球训练的态度不积极 ··· *108*

◎你知道孩子最喜欢什么吗?

◎"用东西吸引孩子"要注意方式、方法

◎激发孩子内在的"干劲儿"

◎即使孩子最初是受外部因素的影响,
但慢慢就能体会到活动本身的乐趣

◎鼓励和表扬,能让孩子学会发现他真正感兴趣的事

◎奥田老师应用题:
给了孩子奖励,他却抱怨"太少了""能不能再多点"

父母应如何帮孩子一起渡过难关? ··· *117*

案例21 孩子突然说"不想去学校" ··· *117*

◎当孩子说出让你震惊的话时……

◎要关注孩子请假在家时的行为,而不是只去听孩子说了什么

◎孩子是不是在逃避什么?

◎只在最关键的时候才能"一切以孩子为重"

◎"遇到问题可以随时找爸爸妈妈商量",
家长的这种态度才是育儿的保障

妈妈的每一点改变,孩子都能感受到 ··· *127*

后记 ··· *131*

序

"我家孩子怎么会变成这样？"
——写给这样想的妈妈们

相信很多妈妈在育儿过程中都经常碰到这样的事情：不管说多少遍，孩子都没有任何改变，于是妈妈会变得很焦急，终于忍不住开始批评孩子，然后心里会更加急躁，久而久之，便对教育孩子这件事失去了信心。

但是——

妈妈们，你们可能没有找到问题的关键！

我是"专门帮你解决育儿问题"的专家。作为一名行为分析专家和临床心理学家，我会经常到大学的咨询室、诊疗所以及学校和普通家庭中，进行有关育儿方面的相关咨询和指导。平日里，我会接触到各种类型的妈妈们。我相信，正在读这本书的你，也一定在育儿过程中切切实实地遇到了一些难题。

每个妈妈都会有这样的想法：

· "想帮助孩子改掉不好的行为和习

惯。"

- "希望孩子能够养成更好的习惯。"
- "想培养一个能自己动手做很多事情的自觉主动型孩子。"

但育儿并不是一件容易的事情，所以很多妈妈都会感到很苦恼："为什么我家孩子会变成这样？"

很多妈妈往往容易将孩子不好的行为和习惯归咎于孩子的性格，甚至有的妈妈会非常认真地说："懒懒散散的，简直完全遗传了他爸爸，真是没办法！"

但另一方面，你也没有必要认为"必须趁孩子小的时候帮他改掉不好的性格"，因为这样只会白费力气、多走弯路，还会让你动不动就批评孩子，最终陷入自我厌弃的状态。

我敢保证，肯定有办法来解决你所面临的育儿难题。很多育儿书中都说，只要按照书里所说的去做，就会发生不可思议的事情，你家孩子不再去做"不可以这样做哟"的事情，而开始主动做一些"希望你能这样做哟"的事情。看到这种说法，相信大家都会觉得"不可信""肯定是骗人的吧"。其实这种育儿书在书店里比比皆是。妈妈们信以为真，按照书上所说的去做了，结果却不尽如人意。于是，妈妈们不再相信那些标榜"这样做会奏效"的书。

本书不会标榜"这样做会奏效"。

虽然我在与家长和孩子接触时，的确是抱着这种理念的，但我知道，育儿问题时刻伴随着各种意外和偶然。因此，本书主要为妈妈们提供一些方向性的指导，比如"那样做不合适"，或者"最好这样做"。希望妈妈们能从诸多案例中找到适合自己的育儿方法。

假设有个孩子"总是不想去幼儿园",那么怎样做才能让这个孩子每天都愿意去幼儿园呢?

要解决这个问题,我们先来思考一下哪些因素能够让孩子每天都能高高兴兴地去幼儿园。比如,能见到好朋友啦,能和小朋友们一起玩啦,中午可以吃到盒饭啦,幼儿园里有自己喜欢的老师啦,等等。

我想,每个孩子都会有自己愿意去幼儿园的理由。如果这些理由都是积极的、正面的,那么孩子肯定愿意高高兴兴地去幼儿园。

我们可以把是否去幼儿园想象成一个天平,天平两端分别是"去幼儿园"和"待在家里"。当积极的、正面的因素居多时,天平便会牢牢地倾向于"我想去幼儿园!"这一边。

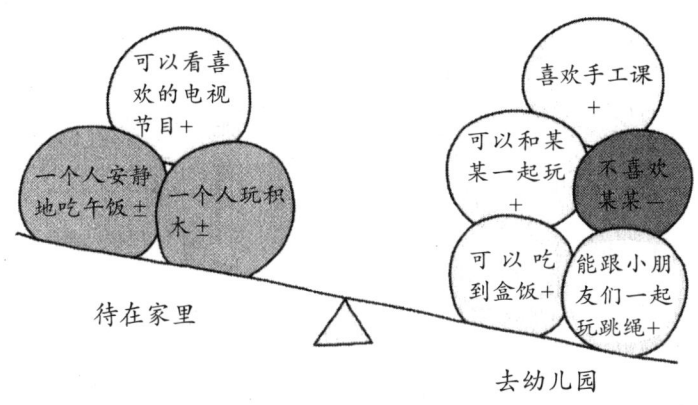

高高兴兴去幼儿园的孩子心中的天平

相反,即使是以前看起来很平常的行为,如果恰巧碰到"令人讨厌的事",或者总觉得"麻烦""没意思",那么,人往往也会因此而放弃这一行为。

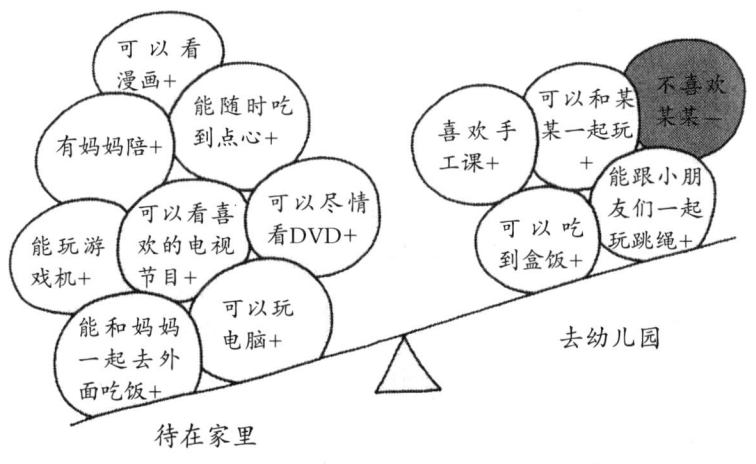

不想去幼儿园的孩子心中的天平

这种情况下，即使妈妈再怎么大动肝火，训斥孩子"要自己动手做！""听话！""为什么不能像以前那样？"，孩子也只会更加抵触。

在育儿过程中，如果"想让孩子养成某个习惯"，或者"不希望孩子做出某种行为"，那么你可以参照上文的天平图来思考一下该怎样去做。

当孩子做出你所期望的行为后，可以让他体验一些"孩子喜欢的事"，而当孩子做了不该做的行为后，要让他体验一下"他不喜欢的事"或者"他觉得麻烦的事"。

"孩子喜欢的事"能够让天平倾向于好的一边，它主要指的是妈妈对孩子的关注和表扬等。

妈妈如何观察孩子的行为，何时表扬孩子……这些日常生活中亲子相处的方法，便成为孩子不断成长的路标。

有的妈妈会说:"为什么我家孩子不管做什么事都没有耐性呢?""孩子这么任性,都是我的错!"但是,妈妈们,在批评孩子和自己之前,你需要重新审视一下你以前都是怎样与孩子相处的。

有的妈妈会说:"我家孩子不管对什么事情都提不起兴趣。"在给孩子贴上这样的标签之前,你需要再仔细地观察一下自己的孩子。在思考问题产生的原因时,不要将焦点放在孩子的性格上,而是应该更加关注孩子的行为。

"关注孩子的行为",其实就是要关注家长处理问题的方式,因为家长处理问题的方式,会直接或间接地影响孩子的行为。当然,正如前面所提到的,育儿过程并非事事都能如父母所愿。但事实上,那些不成功的地方,也正是你培养孩子的好机会。

孩子不喜欢收拾房间,非要大人催好几次才磨磨蹭蹭地去刷牙,或者玩起电脑游戏来连饭都不想吃,等等,这些事情都会让父母很苦恼,但所有这些问题都是孩子发生转变的好机会。

之前不管你怎么苦口婆心,孩子都

不会去做的事情，突然有一天他竟然主动完成了，或者在你不断努力的教育过程中，突然有天发现孩子已经养成了良好的习惯，那时候你肯定会想："孩子真的可以改变啊！"

请相信这一天一定会到来。

即使妈妈不下达任何指令，孩子也能够用自己的头脑进行思考，自主行动，用自己的双手解决问题。我相信，这令人惊喜的一天一定会到来。而到了那一天，你会发现，其实你自己也已经发生了翻天覆地的变化。

回到本书开头，我们提到了"不爱收拾房间的孩子"，那么怎样才能使他成为"喜欢收拾房间的孩子"呢？下面我们先来解决这个问题。

第1章

"不批评"才能帮孩子养成好习惯

恰当的赞美和表扬，能培养出"喜欢收拾房间"的孩子

案例1 客厅弄得乱七八糟也不收拾

我孩子今年5岁，是个男孩。我每次对他说："要把玩过的玩具收拾起来哦！"他都会说："知道啦！"但其实根本不去收拾。我觉得5岁的孩子应该能听懂我的话了，但事实是，不管我说多少遍都没有用。批评他也没有任何效果。每次看到客厅里连个落脚的地儿都没有，我都会非常烦躁。

教育秘诀

只要坚持恰当地表扬孩子，孩子一定会发生变化。

父母的赞赏和认可，轻松帮孩子养成新的习惯

帮孩子养成收拾房间等日常的生活习惯，看似简单，实则并不容易。我想，父母也并非有多发愁，只是常常会被孩子搞得烦躁不安。

这位妈妈"觉得孩子应该能听懂自己的话"，我想她一定是在不停地对孩子说："要自己收拾一下哦！"不难想象，过了一会儿，当妈妈发现孩子还没有收拾时，肯定会说："啊，又没收拾！""这孩子真不听话！""为什么不能收拾一下呢？"最终只会一个劲儿地批评孩子"赶快收拾一下"。

对此，很多育儿书、育儿杂志和教育评论家大多会给妈妈们这样的建议："帮孩子一起收拾"，或者"不妨准备一个简便的收纳箱"，等等。父母帮孩子一同收拾，或者教给孩子一些整理技巧，可能当场会有些效果。但我想，这些建议的实际意愿是，孩子要是能在不断重复的过程中养成独立的整理习惯就好了。

但是，这种方法也只能是权宜之计，孩子并不会因此而养成"自己动手整理物品"的习惯。其实，教孩子养成收拾房间的习惯是有诀窍的。

让孩子做些力所能及的事，并尽力"表扬"他

我在育儿指导和咨询过程中遇到过各种类型的孩子，有时也会帮助患有自闭症和心理发育障碍的孩子培养自己动手整理东西的习惯。结果证明，很多孩子虽然在语言表达上有障碍，却能很快学会自己收拾东西——而且是在不批评的情况下。

具体的做法是这样的：

假设有10样东西需要整理，妈妈就要先按照1、2、3……的顺序依

次进行整理。最初几样东西的整理工作几乎完全由妈妈来完成，但要将最后三个，也就是第8、9、10样东西留给孩子，让孩子体验完成整理（整理得干干净净）时的快感。这时，妈妈不能只对孩子说："我们来收拾一下好不好？"而是要让孩子坐在需要整理的东西前，且妈妈要紧跟其后，一边说"我们来收拾一下好不好？"，一边和孩子一起将东西放入收纳箱。

在孩子把最后三样东西整理好后，一定要记住表扬孩子："做得真棒！""真了不起！"只要是表扬的句子，什么都可以。总之一定要表扬孩子。表扬的标准就是要让孩子感到高兴，而并不是只要"表扬了"就可以。这就是说，妈妈要仔细观察孩子的表情，看他是否真的因为妈妈的表扬而开心。实际上，由于大部分整理工作都是由妈妈来完成的，要求较高的妈妈或许不太愿意去表扬孩子，但我希望妈妈们能够不吝啬自己的语言使劲儿地表扬，哪怕只是装装样子也可以。如果是我，我会发自内心地向孩子表达我的感动和喜悦。

第一步完成后，接下来将孩子要收拾的东西增加到4个、5个，最终引导孩子独立完成所有的整理工作。

这个方法的关键在于，虽然大部分东西是由妈妈来整理的，但孩子会感觉到是他自己完成的。更重要的一点在于，孩子能够感受到"自己动手整理东西能让妈妈高兴"，于是他自己也会感到高兴，并逐渐养成独立动手收拾房间的习惯。

有的学者单从理论层面出发，批判这种做法，说孩子只是"为了得到夸奖而并非真正喜欢"。其实这些人并不了解孩子。妈妈们，放心吧，即使刚开始是看似夸张的称赞和表扬，久而久之，孩子肯定能感受到自己动手整理东西的乐趣。

批评不利于孩子良好习惯的养成

但是,育儿过程中遇到困难前来咨询的妈妈们并没有这样去做。她们想让孩子独立完成所有的整理工作,于是便让孩子从第1件物品开始收拾。然后耐心地等孩子去收拾第2件、第3件……患有自闭症的孩子可能不一会儿便开始发呆了,或者干脆拿着本该收拾起来的玩具玩起来,根本无法集中注意力去好好整理。其实仔细观察一下,即便是正常的孩子,有时也会出现同样的情形。

孩子不愿意继续整理,于是,妈妈一着急便会批评孩子。孩子"为了不让妈妈批评自己只好继续收拾",觉得"整理物品一点儿都不好玩",就开始讨厌收拾房间。这样一来,孩子更加不愿意去整理,而且情绪也会变得很糟糕,妈妈也会因此而更加焦急。

试想一下,如果妈妈一直用半带批评的语气命令孩子:"赶快收拾一下!""还有那边!""这边也有!""怎么还没整理好?!"孩子肯定觉得讨厌极了。这种做法,就算是大人也会觉得不舒服。

但反过来,当人受到表扬的时候,就会想:"要不试一下?"所以说,表扬能改变人的行为。对教育孩子来说,表扬是一个非常重要的因素。

即使孩子没做到最完美,
也可以夸他"努力尝试"和"有进步"

当然,收拾房间以外的事情也是同样的道理,比如训练孩子上厕所。为了帮孩子养成独立上厕所的习惯,妈妈会对孩子说:"想撒尿的时候记得要跟妈妈说哟。""因为没脱裤子才会把裤子弄湿的哦。"但孩子不可能一次全部记住妈妈的话,所以刚开始的时候往往会比较艰难。

那么，到底应该怎么办才好呢？记住：

要做到"只表扬，不批评"。

因为，帮孩子培养新习惯不需要"批评"。

即使孩子说得有些晚，没来得及进厕所，但只要孩子说了"我想尿尿"并拉着妈妈的手要去厕所，你就可以表扬他说："知道要告诉妈妈了呀，真棒！"孩子想要尝试自己脱掉裤子，即使脱到一半就憋不住了，也要表扬他说："真了不起！都会自己脱裤子了呢！"妈妈们就应该以这种方式去肯定孩子的全部。

这样，孩子会发现，即使没做好，妈妈也不会批评自己，于是便会喜欢去上厕所。慢慢地，孩子便会逐渐知道什么时候该说"要尿尿"，而且也能学会自己脱裤子。

如果你想引导孩子尝试新的行为，"肯定"和"表扬"是最好的办法。当你想教给孩子新的东西，或者想让他尝试新的事物时，请记住不要批评孩子。

只要"糖块"，不要"棍棒"

经常听到有人说："教育孩子要糖块、棍棒一起用，软硬兼施。"但我认为，帮孩子培养新习惯不需要棍棒，只要糖块就够了。前面已经反复说过，不批评才能让孩子学会新的行为。因此，如果"想让孩子养成收拾房间的习惯"，答案就在于，当孩子做完一件事后，不要"总是批评"，而要"坚持表扬"。

表扬能改变人的行为，大人孩子都不例外。不管是谁，都不愿接近总是批评自己的人，却愿意跟总是赞美自己的人进行交流。

下面这个方法能让你亲身体验到表扬的魅力。这个实验在家里就可以简单完成，所以请一定要试一下。

假设现在客厅里有A、B、C三个成年人，接下来A和B要留在屋内，C要到屋外。留在屋内的两个人要告诉C："待会儿你去触碰客厅里的某一样东西，或者做一个动作。当你接近我们指定的正确答案时，我们便会鼓掌，你只管大胆地来回走动就可以。"

然后，由留在屋内的两个人来决定要C做什么，比如让C拉上朝向阳台的右侧窗帘。当然，A和B要悄悄地商量，不能让屋外的C听到。

两人商量好后，让C重新进入客厅，C可以随便移动，也可以随手触碰客厅里的任何物品。

当C接近目标物体，也就是窗帘时，A和B即鼓掌示意。当C远离窗帘时，两人停止鼓掌。当然，也可以用点头来代替鼓掌。但是不能说出答案。否则，谁都能立刻知道该怎么做。也不能使用"棍棒"，即不能做出表达否定意义的表情和动作，如"啊，不是那边！""错了错了！"等。另外要注意，一定要在C正在做正确行为的时候，或者完成该行为1秒钟以内鼓掌才有效果。如果延迟几秒钟再鼓掌的话，C会感到非常困惑。

C一边用手随意触碰客厅的物品，一边来回移动，在反复的摸索中寻找答案。在这个过程中，C唯一可以依靠的，只有A和B的掌声。C向着掌声大的方向移动，掌声停止时便随时改变自己的行为，在不断摸索和失败中一步步接近目标。

依靠A和B的掌声，C逐渐接近窗边，并在某一个瞬间碰到了窗帘。这时，A和B的掌声突然变大，这就在很大程度上缩小了答案的范围。到了这一步，拉上右侧窗帘也只是时间早晚的问题。

多说"做得不错!""非常棒!",
能帮助孩子学会新的行为

这个游戏其实是一个课堂活动,旨在告诉学生,紧接一个行为之后出现的"有利的事情"是怎样促成一个新行为的。

每个家庭的客厅里,都会摆放很多物品,如电视、桌子、沙发、坐垫、报纸、花瓶、相框、钢笔、剪刀等日常用品。但不管摆放着多少东西,或者即便是在比客厅还要宽敞的会议室和体育馆,也都可以进行这个实验。即使是在非常宽敞、简约的空间里,只要能够把握好鼓掌的时机,就能促成指定行为的发生。

在这个活动中,做出某个行为后得到的掌声是对学生的一种肯定。也就是说,得到掌声就如同被别人夸奖说"很好!""做得不错!"一样。

假设要求学生"拉上右侧窗帘",但学生却朝着与窗户相反的方向,用手触碰其他物品。这时,负责鼓掌的人心里肯定会想"不是那边啊!""哎呀,真是的!",但是不会表露出来。

但如果鼓掌的人把心里想的都表露出来,会怎样呢?当学生远离窗户时被大喊"错了错了!",当学生碰到其他东西时被说"怎么还不对呀!",如果受到这样的待遇,哪怕只是一个课堂活动,却也一定会让人感到不舒服。

只有意识到表扬的重要性,才能学会表扬

同样,当孩子没有立刻进行整理时,批评孩子:"啊,又没收拾!""为什么不能动手整理一下呢?!""赶快收拾一下!""还有那边!"这种做法也会让孩子感到不舒服,孩子自然也会越来越讨厌收拾房间。

所以，恰当的表扬会让孩子喜欢上做某件事。哪怕孩子只收拾了一件玩具，也请使劲儿地表扬他。

有的妈妈会自信地说："我一直在表扬我家孩子啊。"但是请想一下，你是不是都是在强迫孩子完成后才表扬他的呢？还有的妈妈会说："我很注意尽量不去批评孩子。"但是你有没有意识到你也不太爱去表扬孩子呢？其实，妈妈是否表扬了孩子并不是关键，关键是，孩子受到表扬后是不是感到满足，会不会非常高兴，希不希望再次得到妈妈的表扬。因此，我们要仔细观察孩子的反应。

很多妈妈认为，即使不表扬也能培养出好孩子。认为孩子"就该去做""理所当然会做"的妈妈很难因为孩子小小的进步而去表扬孩子。如果认识不到表扬的重要性，你就不知道该如何表扬孩子，也就把握不好表扬孩子的时机。

◎ 奥田老师应用题
不满1岁、还不能完全听懂妈妈话的孩子，该怎么表扬呢？

　　对不满1岁的孩子当然也要表扬。虽然孩子年龄还小，但当你表露出发自内心的高兴时，他也能感受到妈妈的喜悦。拥抱、鼓掌、微笑着跟孩子说话，并仔细观察他的反应。如果孩子继续高兴地重复刚才的动作，说明妈妈的"表扬方式"产生了作用。虽然还在牙牙学语，但孩子的反应俨然在说"继续表扬我""继续表扬我呀"。这说明"表扬"已经顺利地传达到孩子的心里。记住，孩子的反应就是家长的最佳答案。

与其在孩子做不到时批评他，不如在他完成后表扬他

案例2 孩子总是不主动刷牙

女儿今年5岁。我想让她养成"饭后刷牙"的习惯。我和她约好一条规矩："吃完饭30分钟内记得要刷牙。"但女儿总是不听。当我问她："刷过牙了吗？"她才极不情愿地去洗漱间。如果不问，她就像根本不记得有这回事一样。我该怎么办才好呢？

教育秘诀

关键就在"孩子恰巧没有忘记刷牙时，你是怎么做的"。

为孩子定规矩的父母是否扮演了"警察"的角色？

这位妈妈提到了"规矩"。看到这个，可能有的妈妈会感到钦佩不已："太厉害了！还给孩子定了规矩呢！""我们家定了规矩也没用，所以我早就放弃了。"的确，为孩子定规矩，说明这位妈妈在非常认真地对待育儿这件事。但并不是说有了规矩就万事大吉了，关键要看如何利用定好的规矩。

针对这位妈妈的烦恼，下面我将通过一个看似与育儿无关的例子来进行解答。

很多人都有驾照，而且肯定有人曾因为超速行驶或者违规停车受过警察的处罚。当然，警察是在驾驶员违反交通规则时才对其进行处罚。警察负责严惩社会中的不良行为，他们时刻瞪大眼睛盯着市民，仿佛在说："这些家伙有没有好好遵守交通规则呀？！"

假设你正在驾车行驶，在限速60公里的公路上，你开到了80公里。这时，负责监管超速行车的巡警和恰巧在附近巡逻的白色摩托警车会立刻追上来，迅速将你拦住。于是你被处以罚金，驾照也会被扣分。

这时，有人甚至会像家庭剧里的中年妇女一样满腹牢骚："为什么只抓我呀？""不是有人比我开得还快吗？！"

但查处违规驾驶是警察的职责所在，绝对不会出现相反的情形。

这里所说的相反的情形是指，当警察看到遵守交通规则的人时，对其进行奖赏，或者说一些让人觉得很贴心的话。比如，驾驶员严格遵守交通规则，在限速60公里的公路上以低于60公里的速度行驶，这时，警察鸣笛示意其停车，并对他说："你能一直按照限速要求行驶，真是一个优秀的驾驶员。太了不起了！好了，你可以走了。"

父母和老师不能成为只惩罚不表扬的警察

现实生活中当然不可能出现这样的场景。如果警察对你说了这样的话，你一定会大吃一惊的吧！被警察叫住一般都没什么好事，大部分人肯定会紧张地想："哎呀，我是不是犯了什么错？"或者过后还会很生气："真是的，害我虚惊一场！"但或许也会有人觉得："哎哟，还不错，我竟然受到了警察的表扬！"也许有人会说："怎么可能有人会这么想？"那么设想一下，如果警察对你说"你真是一个优秀的驾驶员。给，这是1万元奖金"，并把钱递到你手中的时候，你会怎么想呢？

当然，我认为警察就应该严格执法，如果现实生活中真遇到这样的情形，会让人不知如何是好。这里，我想问大家一个问题：父母和老师**有没有正在扮演警察的角色？**现实生活中，应该不会有人想要得到警察的表扬吧，大家应该"都不想得到警察的眷顾"吧！

但如果父母与孩子的关系也发展到这个地步，就会让人感觉非常不舒服。驾驶过程中明明没有违反交通规则，当警车靠近的时候还是会感到很紧张。走在路上，巡警简单的一声"等一下！"，也会让我们禁不住紧张地想"怎么了？"。我不希望父母与孩子之间出现这种情形。

只要不觉得"理所应当"，就会经常表扬孩子

给孩子定的规矩，也就是父母与孩子之间"这个要这样做"的约定，一般情况下都是父母因为"希望孩子养成这样的习惯""想把孩子培养成这样""不希望孩子做这种事"而制定出来的，绝不会出现由孩子来主动定规矩的情况。

如果孩子守规矩，父母会感到满足并暗想："不错不错，这孩子真的能遵守约定呢。"

但有时孩子可能没有按要求去做。这时，父母便会批评孩子说："哎？今天怎么没做呀？""为什么要偷懒？"

大家有没有觉得这跟刚才警察处罚违规行为的例子很像呢？

在这里，我想问一下案例中的这位妈妈：当孩子遵守约定时，你记得表扬孩子了吗？或许刚开始的时候能够做到，但大部分妈妈渐渐地便不再去表扬孩子，因为一旦定好了规矩，妈妈就会认为孩子理所应当照规矩执行。

"禁止规则"不利于好习惯的养成

定好规矩后，妈妈往往会离"表扬孩子"这条教育秘诀越来越远。这就是给孩子定规矩的代价。

孩子遵守约定时不加以表扬，一旦做了错事，父母就会觉得不顺眼而对孩子加以批评，并把定好的规矩搬出来，逼问孩子："你没有遵守约定！""我们不是说好了吗？""你已经5岁了呀！"这样做很难帮孩子养成好的习惯。更糟糕的是，有的父母甚至会通过一些"禁止规则"来约束孩子的行为，如"不可以欺负弟弟""不能做粗鲁的事"，等等。这样只会导致父母频繁地批评孩子。

我们不能让规矩变成"孩子理所应当要做的事"。如果孩子能在饭后30分钟内主动刷牙，那么父母也一定要及时地表扬他，直到让他感到高兴为止。

成年人知道饭后刷牙的重要性，很容易养成刷牙的习惯，但孩子还不懂得讲卫生的重要性，所以往往容易忘记，或者并不认为"饭后必须刷牙"。因此，即使父母不停地批评孩子"为什么非要等到说了才去做"也是毫无意义、不起作用的。

父母应该做的是，当孩子饭后能够主动去刷牙时，一定要表扬他："真了不起！自己都记得刷牙了呢。"

一旦认为"理所应当"，父母就很难意识到孩子是主动去刷牙的。所以，倒不如索性先降低心理预期，认为"孩子不那么容易遵守约定"，这样便能发现很多机会来表扬孩子。

不放过任何一个表扬孩子的机会

为了养成规律的生活习惯，孩子必须要学会很多事情，如饭后刷牙、讲卫生、如何预防疾病，等等。但对孩子而言，这些并不是多有趣的事，因此，要想养成习惯并非易事。

> **案例3** 孩子不能按时洗澡
>
> 我要求孩子"晚上8点要按时洗澡"，可他根本不听。每次都得我催他"快点去洗澡！"。都已经小学2年级了，我都觉得烦了。

> **教育秘诀**
>
> 要在孩子开始准备洗澡时就表扬他。

和案例2一样，解决这个问题的关键在于，要在孩子开始准备洗澡时就表扬他："自己都会作洗澡的准备了呀！""真了不起！"

孩子没有养成饭后刷牙、按时洗澡的习惯，很多情况下不是因为孩子不喜欢刷牙或者害怕洗澡（如果是这种情况的话，需要进行专业咨询），而是其他事情分散了孩子的注意力。比如案例中这个孩子不能按时洗澡，可能是因为想看电视，或者想继续玩游戏、想睡觉，等等。与刷牙和洗澡相比，这些事情占了上风。

假设孩子喜欢看的电视节目7点55分结束，这时，妈妈要适时地对孩子说"节目演完了呀"。如果是再小一点的孩子，妈妈可以用"孩子感到愉快的事"引导他去洗澡，比如可以说："刚才的动画片妈妈没看成，一会儿洗澡的时候要讲给妈妈听听哟。"

如果7点55分的时候孩子主动关掉了电视，而妈妈当时正忙着发短信，那么，孩子会认为妈妈一直在忙自己的事情，就会想："要不读会儿漫画吧。"于是便拿过《海贼王》开始读起来。这时，妈妈发完短信，发现孩子还没有去洗澡，便会说："咦？怎么还没去洗澡呀？""到了洗澡的时间，怎么还不快点去呀？"这种做法是完全错误的，因为这时，不管是已经可以自己一个人洗澡的小学生，还是需要妈妈陪着一起洗澡的小孩子，嘴里都会嘟嘟囔囔的不愿意去洗，让人很头疼。

综上，只要孩子能在7点55分节目结束时离开电视机，你就要适时地表扬他，或者也可以考虑去引导性地催促一下孩子。即使孩子是在你的催促下去洗的澡，也要使劲儿地表扬他。这样，慢慢地就能引导孩子做出正确的行为。

降低期望值，才能轻松育儿

当然，妈妈们不可能一直守在孩子身旁等待最好的表扬时机，因为还有好多家务事要做。所以，要做到"及时表扬"并没有那么简单。

但事实上，只要把握好表扬的时机，孩子的行为就会发生明显的变化，所以，希望妈妈们能够记住：只要抓住时机，就能发现更多表扬孩子的机会。

另外，妈妈必须要放轻松，这样才能够找到更多机会来表扬孩子。比如，我也会经常遇到下面这样的案例。

案例4 早上不能按时起床

不管闹钟怎么响，或者任凭我怎么大声喊，孩子都不肯起床。如果他7点30分不起床，我上班就会迟到，真是让人头疼。我该怎样做才能帮孩子养成按时起床的习惯呢？

教育秘诀

姑且认为"孩子做不到"，这样等他完成时便能使劲儿地表扬。

这位妈妈希望孩子能在7点30分起床，但是她每天早上都要从1楼厨房大喊："到时间啦，起床啦！""上学要迟到啦！"至少得喊五六遍，孩子才肯起床。如果每天都是这种状态，那么这位妈妈肯定一大早就会非常烦躁。不过你回想一下，你家孩子是不是有时只喊了3遍就起来了，或者有时候还会提前10分钟起床？

碰到这种时候，你一定要表扬孩子。这里有一些小技巧能防止你错过表扬孩子的机会。

不要觉得"孩子能够很快养成早上按时起床的习惯"，而要想"早上按时起床对我家孩子来说还太难了吧"。坦白地说就是"对孩子的期望值不要过高"。教育学家可能会说："怎么可以连父母都不相信自己的孩子呢？""要对孩子充满希望！"于是，有些立场不坚定的父母马上会受到影响："对呀，说得对，我必须要相信我的孩子。"因此，很多父母看不到孩子小小的进步，而只会一个劲儿地批评孩子："怎么就做不到呢？"

看到孩子小小的进步,才能不断地表扬孩子

一开始姑且认为"我家孩子做不到",一旦孩子做到了,父母就会很感动,然后才能发自内心地表扬孩子。比如,在孩子做一件事时,不要期待他"10分钟可以完成",而要降低期望值,"我家孩子得花30分钟才能完成吧"。这样,当孩子花15分钟做完的时候,父母就能脱口而出高兴地表扬孩子:"真了不起!做得真棒!"如果一开始就期望孩子10分钟完成,那么就会觉得:"什么?竟然超了5分钟!"

确定一个"允许范围",最大限度地降低对孩子的期望值,可以使父母心情舒畅。这就如同跳高时一点点抬高横杆的高度一样——当孩子不在状态时,稍微降低一下要求也未尝不可。

只要抓住这个要领,父母就不会老觉得焦躁不安,也不会再去抱怨孩子"为什么做不到呀?""怎么一直说都没用呢?"之类的。

抓住"偶然"的机会,才能培养出"自觉主动型孩子"

案例5 孩子不会主动帮助他人

女儿能够完成一些小学3年级学生该做的事情,比如将用过的餐具拿到洗碗池、叠被子,等等,但不会去做规定事项以外的事。我希望她能在看到父母很忙的时候主动说"我来帮你吧",是不是我太奢求了?

教育秘诀

耐心等待"孩子偶然间做出的好事"。

你希望孩子只做分内的事,还是能够主动帮助他人?

这个孩子能够完成一些3年级学生该做的事情,比如"将用过的餐具拿到洗碗池""叠被子"等,但她不会去做规定事项以外的事。这正是让她的妈妈感到不满和担忧的地方。

除了帮孩子养成刷牙、洗澡等基本的生活习惯外,我们还希望他能够进一步形成更好的习惯。可能有人会说:"这太奢求了吧?"但我认为这绝不是什么过分的要求,而且我们必须将孩子培养成这样的人。当然这绝非易事。

我们暂且称前来咨询的家庭为A。A家庭规定,孩子到了3年级后,需要学会收拾餐具和叠被子这两件事情,孩子也确实自然而然地养成了收拾餐具和叠被子的习惯。

我们假设有另一个家庭为B。B家妈妈并没有规定哪些事情是孩子必须要独立完成的。因此,B家孩子并不会像A家孩子那样知道自己该做什么。

但是,有一天,B家妈妈拖着疲惫的身体下班回到家,自言自语道:"唉,今天要洗的碗真多啊!"孩子听到后,主动将碗筷拿到了洗碗池,并说:"妈妈,我来帮你洗碗吧。"妈妈被孩子的这一贴心行为深深打动,由衷地对孩子说了声"谢谢!"。

第二天,妈妈并没要求,可孩子又主动帮妈妈洗碗了。妈妈非常感动,对孩子说:"谢谢你!有你帮忙,妈妈轻松多了。"

第三天,孩子没来帮忙,不过妈妈并没有因此而批评孩子:"咦?今天怎么不帮妈妈洗碗了?"因为这天她不太累,没有必要让孩子帮忙干活。妈妈一个人麻利地把碗洗好了。

妈妈的一声"谢谢",是对孩子莫大的鼓舞

半年后的一天,B家妈妈去超市买东西,买了整整三大袋。袋子有些重,在拎起来时,她情不自禁地"哎哟"了一声,这时孩子过来,说:"我来帮你拿一袋。"妈妈非常感动,说了声"谢谢",当场表扬了孩子。

下次去超市时,他们只买了两袋东西,这一次妈妈自己拎回了家,她并没有对孩子说:"你来拿这个轻点儿的吧!"或者"今天不帮妈妈拿东西吗?"

下面我们来设想一下A、B两个家庭两年后的情形。

A家孩子依然和以前一样,保持着收拾餐具和叠被子的习惯。妈妈或许会自豪地想:"这孩子从来都不会偷懒。"

而B家孩子并没有养成叠被子的习惯,因为被子一直都是妈妈帮他叠的。

但是,B家孩子已经养成了收拾餐具的习惯,或者即使妈妈不说"今天好累啊,你要是能帮妈妈做些家务就好了"之类的话,他也能主动洗碗了。

去超市买东西时,即使妈妈不说什么,他也能主动帮妈妈拎东西,有时还会帮妈妈揉揉肩膀。看到妈妈收衣服时,他也能主动帮忙。妈妈并没有要求孩子必须做这些事情,但当孩子看到妈妈很累的时候,会主动说:"我来帮你吧。"

如果在这里用上序中提到的"天平",那么,妈妈的"谢谢"以及发自内心的微笑,就为孩子"帮妈妈分担家务"这一边增添了砝码。虽然之前并没有形成习惯,但对B家孩子而言,帮妈妈做家务已经成了一件"愉快的事情"。

"主动做事"与"为了不挨骂而做事"的区别

前文我们也曾提到，如果事先定好规矩，那么父母往往会认为"孩子应当自觉去完成"。或许前来咨询的A家妈妈认为，孩子已经小学3年级了，"理所应当完成他分内的事"，所以很少表扬孩子。

孩子养成了收拾餐具和叠被子的习惯，表面看来做得不错，但其实孩子可能也想偷懒，只是怕会受到妈妈的批评。

这样，即使妈妈再怎么希望"孩子能够贴心、主动地帮忙"，孩子也"只会去做他自己分内的事"，认为"只要不挨骂就行"。这种状态我们称为"得过且过状态"，它是指，孩子没有不断地向前发展，而是一旦达到及格线就心满意足了，即成长停滞不前。

而B家妈妈并没有专门规定孩子必须做什么，却总是对孩子的主动帮忙表示感谢。这样，孩子可能并没有养成叠被子的习惯，却会在妈妈需要的时候主动帮忙。即使妈妈不说"你来帮我一下"，他也会主动发现一些力所能及的事情去做，并且还会为自己能帮上忙感到高兴。

A、B两家的孩子之间存在着巨大的差距，不是吗？

第29页是A、B两个家庭的孩子长大后的不同情形，我们可以对这两个人进行一下比较。

为什么会培养出"得过且过型孩子"？

我在从事育儿咨询工作的过程中，也碰到了许多像A和B这样的家庭。我希望各位妈妈们能以B家为榜样。当然，就像案例中所说，A家妈妈本来也希望能够培养出像B家那样的孩子，但现实却事与愿违。

最近，经常听到妈妈们说"我家孩子总打不起精神""孩子对任何事都不感兴趣，真令人担心"。很多妈妈都希望自己的孩子做事更加积极，都想让孩子成长、自立。也正因为如此，很多妈妈认为"更需要一些规矩""关键是让孩子按要求做事"。但其实，就是妈妈的这种想法，才导致了孩子"停滞不前""得过且过"。

当你主动去做一件事情，并成功完成时，会得到周围人的赞赏，这种正面的评价会让你觉得自己很棒。它会转化成一种喜悦、满足和成就感，促使人更加积极地采取行动。

相反，凡事都只按要求勉强完成的人，只会去做好自己分内的事，而且不管多么守规矩，也无法得到太多的喜悦、满足和成就感。因此，他只会越来越消极，认为"只要不挨骂就行"，最终导致凡事都只能勉强合格。

说到这里我想你应该明白了，**孩子是为了不受批评而去做事，还是事情本身让他感到有趣而主动去做**，会对孩子现在甚至将来的行为方式产生巨大的影响。这也是导致现实社会中每个个体的发展空间有大有小的一个重要原因。

"得过且过型"性格特征	"自觉主动型"性格特征
·缺乏主动性	·因为喜欢，所以有较强的主动性
·只做分内的事	·即使没有要求也会主动去完成
·害怕失败，不敢进行尝试（喜欢为自己开脱、找借口）	·即使失败也会继续摸索尝试
·甘于维持现状，缺乏创造性和发展性，不敢打破常规	·能不断提出具有创造性、不落俗套的建设性意见
·容易嫉妒	·不容易嫉妒
·过分在意与别人的差距	·不在乎与别人的差距
·喜欢把责任推到别人身上	·认为与其责怪别人，不如考虑自己该怎么做
·满脑子"赚到了！""万幸！"，情绪易出现波动	·认为"是自己努力的结果""也有运气的成分"，不容易大喜大悲
·缺乏挑战精神	·不断追求进步
·过于看重结果	·精力旺盛，勇于挑战
·不做要求以外的事	·坦然面对过程与结果的关系
·想的多做的少	·除完成分内事外，总是不断尝试改进
·不善于思考（没有实际行动）	·总之先放手去做，然后再进行思考
·时刻都在避免失败	·认真思考后，再重新去尝试（敢于行动）
·认为"做了也无济于事"，容易放弃	·努力增加成功的机会

你希望孩子长大后成为一个什么样的人呢？

下面我们以公司员工为例来探讨一下这个问题。积极行动的人认为"做好分内事是理所应当的，但同时也应该大胆地尝试其他事情"，这样的人会不断发起挑战，努力创造好的结果。因为他在享受工作，所以会付出更多的努力，并能够创造性地投入到工作当中，不知不觉就会甩开同事一大截。他不会仅仅拘泥于公司给员工制定的工作目标和最低工作量，而是会不断向前发展。这样的人会得到上司和同事的信任，并被委以重任，然后得到更大的发展空间，最终成为公司发展所不可或缺的人才。

而采取消极行为的人的情形也可想而知。因为他只会去做分内的事，所以缺乏活力。虽然会非常努力地完成最低限度的目标，但一旦目标达成后便心满意足、停滞不前。他认为只要完成目标就不会挨骂，因此多数情况下都是勉强能够达到及格线。上司让他负责一个新的项目，他也知道一旦成功便会很有成就感，但却怎么也打不起精神，只会在那里唉声叹气。于是上司也会对他感到失望："今后再也不让这个家伙负责重要项目了。"

案例中的这位妈妈希望自己的孩子能够具有"自觉主动型性格"。但现实情况是怎样的呢？——"绝不去做规定事项以外的事"！也就是说，这个孩子已经养成了为了不挨骂而去行动的习惯。

或许，这个孩子认为只要去做"自己该做的事"就可以，因为如果不做的话就会惹妈妈不高兴。虽然还只是小学3年级，却俨然已经成了一个等待指令型的孩子。

不要命令孩子做这做那,要学会克制!

B家妈妈在表扬孩子时,并不是觉得"必须要表扬",也没有使用任何技巧。而是因为孩子的意外举动让她感到高兴,于是发自内心地对孩子说"谢谢你!"。妈妈的这种态度能够让孩子更加善解人意,更加积极地采取行动。

这样的事情都是偶然发生的。有的妈妈会想"要不让他做做看""我已经做好表扬孩子的准备了,所以想让他试一下"。这种仅仅依靠计划和手段来教育孩子的做法,是教不好孩子的。

如果想让孩子主动帮助他人,就不能给孩子下达这样那样的命令,而要学会克制,耐心等孩子偶然做出好事。如果等孩子长大,并已经形成了"得过且过型性格"时,再想把他纠正成"自觉主动型性格"便难上加难,所以我希望妈妈们能够从小培养孩子形成自觉主动的性格。培养自觉主动型孩子的关键就在于,要像B家妈妈那样,不要"为了表扬而表扬",而是要"发自内心地感谢"。

妈妈真心的夸奖,能让孩子感到喜悦、满足并有成就感。这样的孩子长大成人进入社会后,也会不断地成长进步。

从长远来看,父母是对孩子的自主行为进行夸奖,还是强迫孩子按照父母的命令和要求去做事,会成就孩子截然不同的两种人生。而这种差距在孩子很小的时候就已经开始出现。

> ◎ **奥田老师应用题**
> 希望孩子能主动给老人让座,该怎么做呢?
>
> 如果孩子经常看到父母给老人让座,以及老人对父母表示感谢的场景,那么孩子也会"希望能得到别人的感谢和赞赏"。反之,如果父母平时总是认为"那边还有空座,运气不

错！"，那么孩子也会从小就效仿父母，一旦抢不到座位就会一副"切，运气真差！"的样子。

当孩子以父母为榜样，主动为老人让座时，妈妈要发自内心地微笑并点头肯定孩子的行为，或者握紧孩子的手，向孩子传达你的喜悦之情。如果不好意思在老人面前极力表扬孩子，那么可以在下车后对孩子说："刚才你做得真棒，真是一个善良的孩子，妈妈为你感到骄傲！"

想方设法表扬孩子的认真和努力

案例6 孩子总爱说"妈妈帮我",不愿意自己去做

女儿今年5岁,应该已经可以自己换衣服、收拾书包了,却总爱说"妈妈帮我",甚至连和小朋友出去玩也让我帮她约:"妈妈帮我打电话问一下××。"我担心她是不是依赖心理太强了?

教育秘诀

不放过任何一个"表扬的机会",随时随地表扬孩子。

培养自信比纠正错误更重要

的确如这位妈妈所说，如果孩子一直说"妈妈帮我"，会让人非常担心："孩子怎么依赖心理这么强呢？"这个孩子本来应该会做的事情却总是央求妈妈帮忙，所以，与其说是依赖心理强，不如说过于娇气更恰当。在妈妈看来，可能会觉得"孩子是不是没有安全感？"，但其实，孩子有时是想通过央求说"妈妈帮我"来和妈妈进行交流，或者想让妈妈到自己的身边来，因为孩子觉得，即使自己做了"该做的事"，如果妈妈认为"理所当然"的话，也不会表扬自己。

但我担心的是，这个孩子不是天生娇气，而有可能是父母的培养方式没能帮她树立自信心。

我曾遇到过一个学画画的孩子，他也喜欢说"妈妈帮我"。这可能是因为他曾经被朋友笑话说"你画得真难看"，也有可能是因为哥哥姐姐都画得很好，而自己却画得不怎么样，于是便对画画失去了信心。一般情况下，孩子到了5岁左右，就已经能看出自己与别人的差距。哥哥姐姐看到这个孩子画的蝴蝶，或许会半开玩笑地说："画的什么呀？！跟个虫子似的。"有时孩子就是因为这一句话，便再也不想继续画画了。

还有的父母看到孩子的画，会说："如果不好好画的话，别人会看不懂哟。"然后便让孩子重画。这也是导致孩子自信心受挫的一个原因。

只要用心，表扬孩子的机会就无处不在

在进行育儿指导的工作中，我恰巧碰到过这样的场景。孩子们正在画汽车，其中一个孩子画了一辆5个轮子的汽车。这时，他的妈妈说："不对吧？汽车应该有4个轮子才对。"然后便让孩子用橡皮擦掉一个

车轮，或者干脆让孩子重画。

看到这里，我有些失望，打心眼儿里感到失望。

如果是我，我会这样对孩子说："啊，画的是越野车呀！车轮有1个、2个、3个、4个……第5个轮子是挂在车后面的吧。真厉害，这样就不用担心会爆胎啦！"

当然，或许孩子画的并不是越野车，但既然孩子如此认真地在画画，你难道不想去表扬孩子吗？其实画得准确与否，有时并没有那么重要。

这里只是举了其中一个例子。在育儿指导过程中，很多时候我都会忍不住叹息："这位妈妈，这样做太可惜了！""啊，这位妈妈的处理方式也让人觉得惋惜！"好不容易有这么多表扬孩子的机会摆在面前，妈妈们却完全意识不到。不仅如此，本来明明是"表扬孩子的机会"，有的妈妈却会像刚才画汽车的例子那样，反过来批评孩子。

学会花样百出地表扬孩子

如果你也遇到了同样的问题，请记住一定要多表扬孩子，这样才能不断增强孩子的自信心。

或许有人会问："我该怎么样去表扬一个没有做好的孩子呢？"这就需要你不断地练习、练习、再练习。

假如我是40名小学生的班主任，不管担任哪个年级，我都能在一天内用40种不同的表达方式来表扬这40名学生。

有的老师可能会说："这种事情我也能做到。""我一直都是这么做的。"但其实真正去表扬学生的时候，可能中途就会词穷。不一会儿便只能说一些可以用来表扬所有学生的话，或者说一些套话，比如"真是个好孩子""真像一个3年级的大哥哥"等等。

而换成我的话，我会更加具体地表扬每个学生："课间休息的时候，我看到你和××一块儿帮×××捡手绢了呢！""谢谢你帮老师准备篮子！""××真是一个发明家，想法很有创意哟！"等等。

仔细观察孩子，你就能不断找到表扬的机会。当孩子又在做同样的事情时，即使你之前已经表扬过他了，这时也要用不同的表达方式，从不同的角度再次表扬他。比如当看到女儿真真在照顾小狗斯凯时温柔地和它说话，你可以表扬女儿："斯凯似乎很高兴的样子呢。"等下次遇到同样的情形时，你可以换一种表达方式，比如："斯凯好像把真真当作自己的妈妈呢。"

当你想要努力去表扬孩子时，一定能发现孩子身上值得表扬的地方。慢慢地，你表扬孩子的语言就会越来越丰富。说到这儿，我想你也已经明白了，对父母而言，**掌握更多的表扬方式是非常重要的**。

即使孩子失败了，也要表扬他"Good try！"

我20岁时曾到美国游学过一段时间，当时就住在当地居民家中。现在我有时也会与国外的研究人员进行交流，我清楚地认识到，美国人无时无刻不在表达自己的赞美之情。他们善于表扬别人，让人觉得既嫉妒又羡慕。

走在路上，素不相识的当地人会夸赞你说"你的帽子真漂亮""这件夹克真酷""我非常喜欢你的手表"，等等。他们喜欢赞美别人的着装，甚至会让人怀疑："这些家伙难道要拦路抢劫不成？"连街上的行人都这样，可想而知，父母表扬孩子的次数和表达方式的丰富程度也都是很多国家所无法企及的。单是美国家庭剧和电影中的台词，就足以让人体会到美国赞美方式的丰富性和多样性。这种姿态的确值得我们学习。

假设在篮球比赛中孩子想要投一个三分球。如果球进了,我想谁都知道该怎样去表扬这个孩子。我们现在假设球没进,这时,美国的父母绝不会说"啊,太遗憾了!",或者"哎呀,就差那么一点点"。

他们会说"Good try(很好的尝试)!"来表扬孩子勇于挑战的精神。我特别希望每位家长都能够多学习一下这种做法。

如果孩子失败时,父母也能表扬孩子"Nice challenge(不错的挑战)!",那么就不会打击孩子的自信心。

我想大部分美国人都会喜欢善于表扬别人的自己吧。能够表扬别人的人,会给人一种豁达、乐观的感觉,这应该是每个美国人心中的理想形象。

与此相反,大部分人都没有将此作为自己心目中的理想形象。如果孩子做了错事,而父母没有批评孩子的话,就会被认为是"家教不严",正是因为这种文化的存在,才使得很多人被"严加管教"的观念所束缚。

但近年来,这种观念已逐渐消失,年轻一代也已经为人父母或者祖父母。他们认为"严加管教的理念已经跟不上时代潮流",并盲目地以为,包容孩子的一切、与孩子产生共鸣才是正确的育儿方式。有的父母明明是听凭孩子摆布,任由孩子撒娇,却会被别人称赞说"那位妈妈对孩子真好""孩子一哭就抱起来,真了不起"。

我并不认为这种父母是真的为孩子着想。相反,我觉得这是一种不负责任的做法。所以,当我走在大街上,遇到正在鼓励和表扬孩子的妈妈时,我都会由衷地为这样的妈妈、这样的孩子感到高兴。

你能花样百出地表扬孩子吗？

篮球比赛中，孩子想投三分球，但遗憾的是球没有进。这时你应该对孩子说：

NO　"啊，太遗憾了！"

　　　"就差那么一点点！"

　　　"太可惜了！"

　　　"再瞄准点嘛！"

OK　"Good try!"

　　　"Nice challenge!"

　　　"角度不错！"

　　　"下次肯定能进！"

孩子帮忙端盘子，却不小心把盘子摔碎了，这时你应该对孩子说：

NO　"啊，真是的，怎么这么不小心！"

　　　"小心别扎到，快离远点儿！"

OK　"谢谢你帮妈妈拿盘子，没关系的。"

对于想要尝试或者主动做事的孩子，即使失败了，也要表扬他的"动机""善解人意"和"挑战精神"。比如……

训练孩子上厕所时，孩子因为没来得及去厕所而尿了裤子，这时要对孩子说：

"自己都知道要去厕所了呢，真了不起！"

孩子的画出现错误时：

- "哇！长着腿的鱼哎！真厉害，这下是不是可以跟它一起赛跑啦！"
- "耳朵圆圆的，一看就是个温顺又可爱的小兔子！"

在孩子12岁之前，请费尽心思表扬他

父母要想不断丰富自己表扬孩子的语言，最关键的一点就是能从不同角度发现孩子的优点。

假设有一个孩子学习成绩特别好，但这个孩子非常傲慢，他会经常炫耀自己很优秀，在家里还会嘲笑那些成绩不好的孩子："班里同学都是些笨蛋。""每天都要跟39个笨蛋一块儿学习，我太可怜了。"

这种孩子或许成绩在班里排第一，但如果用人格尺度来衡量的话，肯定是排倒数。但孩子之所以会变成这样，很有可能是因为父母只把学习成绩作为衡量标准的缘故。

从成绩优异这一点来看，这个孩子的父母应该会感到极大的满足。单从这个角度来讲，可以说这是一个无可挑剔的好孩子。但是，如果父母只关注孩子的学习成绩，就会导致只对孩子的学习进行表扬。如果偶然有一次孩子对附近的小朋友非常友善，这时父母非但没有表扬孩子，反而表现出漠不关心的样子，这样就不利于孩子的性格发展。其实，我想每个人都会如此，从别人身上找20个缺点相对比较容易，但要找出20个、30个甚至40个优点却要费一番心思。

父母的价值观会自然而然地影响孩子

因此，父母仅用唯一的标准来衡量孩子是非常危险的。正如前文所

提到的，父母要仔细观察孩子的行为，适时地表扬孩子，同样的事情从不同的角度进行表扬，即使孩子最终失败了也要表扬……从多个角度审视孩子，才能使表扬的方法、语言越来越多样。

而且，如果父母留心的话，可能还会有意外的收获：如果父母能以多种标准从多个角度表扬孩子，那么孩子也会在无形中效仿父母，慢慢地，孩子就会发现班里同学的优点，并学会表扬别人。比如"他是班里跑得最快的""她虽然不爱说话，但舞却跳得很好""虽然妈妈只关心学习成绩，但那个孩子是学校里最有幽默感的"。而且，孩子也会逐渐开始客观地审视自己，比如"我虽然成绩很好，但体育不行"，等等。

那么，孩子几岁时，最要注意表扬他呢？请注意，等到孩子进入青春期再开始表扬就有些太迟了。父母要在孩子小的时候，特别是12岁之前，就尽量多地表扬他。这样，等孩子长大后，便能学会对他自己的行为进行鼓励和反省。

第2章

别给孩子的性格贴标签，
所有问题都只是具体的行为问题

怎样才能帮孩子改掉危险的习惯？

案例7 孩子有时会突然挣开我的手乱跑起来，我想帮他改掉这个坏习惯

儿子今年4岁。当我拉着他的手走在路上时，他会突然挣开我的手乱跑起来，有一次差点被车撞了。这种做法实在太危险了，我想帮他改掉这个坏毛病。但可能因为是男孩儿，本身又比较活泼，我说的话他根本不听。我担心这样下去迟早有一天会出事。

教育秘诀

紧紧握住孩子的手，使他无法挣脱。

对危险的行为，要"绝对不允许"

虽然孩子的有些行为看上去只是日常小事，却会让父母非常担心。我想每位妈妈都会有这样的烦恼。

在街上，我们经常会看到这样的场景，孩子突然挣脱妈妈的手乱跑起来，妈妈一边追一边喊："不可以乱跑，快停下！"俨然在上演一幕《猫和老鼠》的真人秀，却让人怎么也笑不出来。孩子动作非常敏捷，一般都能迅速挣脱妈妈的手，四处乱跑。如果是在车多的马路上，或者是在十字路口、车站站台，这种情况就会非常危险。

我在育儿指导过程中遇到过很多患有多动症的孩子，如果他们的妈妈不知道如何及时应对这种行为，孩子有可能会受到致命伤害。

下面，我们先来回答一下案例中这位妈妈的疑问。

"孩子有时会突然挣开我的手乱跑起来，该怎样帮他改掉这个坏习惯呢？"答案就是"紧紧握住孩子的手，使他无法挣脱"。这个回答听起来似乎有些敷衍了事，妈妈们肯定会说："别开玩笑了，请你严肃地作出回答。"但"不要再让孩子挣脱开你的手，哪怕一次也不行！"，这就是答案。

妈妈们必须时刻提醒自己"一不小心孩子就会跑掉"，同时要紧紧拉住孩子的手。在进行拉手训练时，妈妈们必须时刻牢记"不能大意，不能让孩子挣脱"。

要想让孩子无法挣脱，就不能像平时那样手指与手指轻轻相扣，而要用拇指和其他四根手指牢牢地抓住孩子的手掌（注意，不能只抓住孩子的手指，而是要紧紧握住整个手掌）。这样，孩子就无法再挣脱妈妈的手。慢慢地，当孩子发现自己再也无法挣脱时，就会放弃尝试，并老老实实地跟着妈妈一起走。

如果孩子依然试图使劲儿甩开妈妈的手,或者扭动身体进行反抗的话,妈妈可以将两个人的手紧紧贴在自己腿的外侧。这样,孩子手腕的活动范围会更小,也就更不容易甩脱。

有的妈妈习惯抓着孩子的手腕走路,她们可能是担心孩子跑掉才不得已这样做的,但这种做法并不可取。自己试一下便会明白,被人抓住手腕,会有一种被强行押送的感觉,令人非常反感。

比对孩子说"危险!""不能松手!"更有效的拉手方法

- 妈妈用拇指和另外四根手指紧紧握住孩子的手掌
- 将孩子的手紧贴在妈妈的腿外侧,孩子更不容易挣脱
- 当感觉孩子没有想要挣脱时,可以适当少用些力
- 始终握住孩子的手掌,即便孩子突然想要挣脱也能及时阻止
- 让孩子觉得"只要拉着妈妈的手,就别想再挣脱乱跑"

让孩子知道,不管尝试多少次,都无法挣开妈妈的手,如果他偶然挣脱,那么以后会被抓得更牢。慢慢地,孩子就会习惯拉着妈妈的手走路。

即使孩子尝试100次，也无法挣脱

当孩子已经习惯拉着妈妈的手走路，不再试图挣脱时，妈妈可以适当减轻拉手的力度，但一定要时刻用拇指和另外四根手指握住孩子的手掌。

这样，即使孩子突然想要挣脱，妈妈也能马上用力抓住孩子。同时，还要告诉孩子："路上危险，要好好拉住妈妈的手哟。"慢慢地，孩子就会明白妈妈的用意。正是因为完全不可能挣脱，孩子才会改掉这个有可能造成致命伤害的坏习惯。

有位妈妈非常认真地跟孩子做了"拉手走路练习"。一个月后，她说："孩子10次当中大概有那么1次可能还会挣脱，但基本上已经习惯了拉着我的手走路。"但是，即使只有那么1次，而且妈妈肯定也会追上前来，这种经历也可能会让孩子以后再次出现突然跑开的行为。所以，妈妈们不要认为"10次中只有1次挣脱没关系的吧"，或者觉得"基本上不乱跑了"就行了。

当孩子想要挣脱时，要让他尝试10次，失败10次；尝试100次，失败100次。拉着孩子的手走路时，关键是一次也不能让他挣开妈妈的手。

有时仅凭劝告是没有用的，而应该拉着孩子的手不断地练习，直到孩子不再想要甩开妈妈的手。如果从孩子1岁刚刚学会走路时就坚持练习（而且孩子从来没能甩开过妈妈的手），那么到了儿童期，即使妈妈没有拉着孩子的手，孩子走路时也会紧挨着妈妈。当然，其他事情也是同样的道理——关键是要坚持不懈，直到孩子的行为改变为止。来看下面两个案例。

> **案例8** 两岁的儿子不爱刷牙
>
> 孩子现在还不会自己刷牙,每次我都会对他说:"咱们一起刷牙好不好?"但孩子每次都会说:"我不!"然后我只能一遍遍地对他嚷嚷:"听话,快过来刷牙!"

> **案例9** 孩子不喜欢吃药,一到吃药时总是跑开
>
> 我家孩子最讨厌吃药,就连糖浆也不行。每次感冒的时候,我俩都像在进行一场格斗,真让人头疼。有没有什么好的办法能让孩子不再讨厌吃药呢?

> **教育秘诀**
>
> 充分利用大人体力上的优势,告诉孩子"这种情况下任性是行不通的"。

遇到上面两种情况,妈妈首先要用腿紧紧夹住孩子,也要同时夹住孩子的双手,不然孩子会非常容易挣脱。总之,就是先要把孩子固定住,使他无法再胡闹。

这里需要注意的是,妈妈夹住孩子的时候,不可以露出可怕的表情,也不能因为孩子哭闹而大声训斥。这时,妈妈应该微笑着对孩子说:"乖,张开嘴,啊——"如果妈妈急赤白脸地按住孩子,孩子就会对刷牙和吃药更加抵触、排斥。

当孩子不再乱踢乱蹬时,妈妈也要相应地减少用力,这一点尤为重要。案例7中我们也说过,当孩子已经习惯拉着妈妈的手走路,不再想要挣脱时,可以适当少用些力,这里也是同样的道理。

孩子一旦松懈下来不再用力,妈妈也要减轻按压的力度,这样可以

使孩子很快地放松下来。慢慢地，孩子对刷牙和吃药的抵触情绪也会有所缓解。当然，在孩子刷完牙或者吃完药之后，妈妈一定记住要使劲儿地表扬孩子。经过反复练习，妈妈就不再需要用力按住孩子，孩子也会渐渐地不再反抗，最终能够自己主动去刷牙，或者等妈妈把药端到面前并对自己说"张开嘴，啊——"时乖乖吃药。

其间，如果孩子又开始反抗，或者东躲西藏，妈妈可以再次用力把孩子按住。这是父母与孩子之间毅力的较量，看到底是妈妈先放弃还是孩子先放弃。当然，这种较量一定要坚持到孩子放弃为止。

刷牙和吃药这种事情对孩子来说毫无乐趣可言，虽然这时也可以搭配一些"让孩子高兴的事"一起来做，但像这种"无论如何都应该让孩子养成的习惯"，必须要让孩子知道胡闹是没用的。这样，利用大人身体和体力上的优势，可以让孩子当场记住"必须学会忍耐"。这是在纠正孩子的坏习惯和不良行为时非常重要的一个方法。

恰当的说话方式和引导方式，有利于孩子改掉坏习惯

对于孩子的坏习惯，家长不要放任不管，而要坚持让孩子改正，并鼓励孩子保持良好的习惯。

> **案例10** 孩子喜欢当众抠鼻子
> 我家孩子动不动就喜欢抠鼻子，抠完后还会舔指头。孩子当众做出这种行为，让我非常难为情。说过他很多次，他反而变本加厉了，真让人头疼。

> **教育秘诀**
> 告诉孩子"可以用纸巾擦鼻子"。

小孩子往往容易出现这类问题。有些父母比较看得开，觉得"不用理他，过一阵子自己就会改掉的"，但也有父母感到十分担心，因为毕竟有人成年后都没能改掉这个坏毛病。

出现这种情况时，父母都想告诉孩子"不可以当众做出这种行为"。如果孩子已经能听懂父母的话，那么就可以直接告诉他不可以这样做。我的回答可能会让父母们感到不满："我们就是这样做的，可根本不管用。"是的，父母只口头告诉孩子哪些事情不能做，基本上等于白费口舌。

要想解决这个问题，我们可以从幼儿教育中得到一些启发。不管怎么说都不奏效的情况下，父母要告诉小孩子应该在什么地方擦鼻子。比如可以说："当鼻子痒时，记得要到洗脸池去哟，擦完鼻子一定要洗手哟。"

另外，可以将纸巾揉成比纸捻略粗略软、前端略圆的形状（要比金针菇大些，像口蘑大小），并告诉孩子："用这个可以擦干净哟。"孩子用白色的纸巾一擦，就会发现鼻垢到底有多脏（这时还可以跟孩子讲，"在空气干净的地方，鼻垢的颜色会不一样哦"）。

当孩子发现"啊，原来用纸巾可以擦干净！"，就会觉得很有趣，不再用手而是开始用纸巾去擦鼻子，而且慢慢还会发现用力过猛的话鼻子会流血。

所以，父母只要告诉孩子适合擦鼻子的场所是哪里以及擦鼻子的方法就可以。要想改掉孩子的其他坏习惯也是同样的道理，告诉孩子"**做什么**"比要求孩子"**不准做什么**"更有效。

故意让孩子当场做点"麻烦事",轻松纠正孩子的坏习惯

另外,家里如果是个男孩,很多妈妈应该会有下面这样的烦恼。

> **案例11** 孩子不管在什么场合都喜欢摸自己的小鸡鸡
>
> 儿子今年6岁,经常会当着外人的面摸自己的小鸡鸡。我不知道怎样才能帮他改掉这个坏习惯,每次看到他这样做我都会很反感。

> **教育秘诀**
>
> 让孩子做一些"麻烦的事情",比如去洗手间洗手。

每个小男孩都有摸小鸡鸡的习惯。但正如这位妈妈说,多数情况下妈妈都会很反感,而且会特别介意孩子的这个习惯。

这时,妈妈要让孩子懂得讲卫生的重要性,告诉孩子:"如果觉得小鸡鸡痒的话,要去浴室洗一下哟。"那么如果是外出时,该怎么办呢?

假设妈妈带着孩子去餐厅吃饭,饭菜上来之前,孩子用手摸了一下小鸡鸡。这时,妈妈可以对孩子说:"啊,你的手碰到小鸡鸡了,快去洗手。"然后把孩子带到洗手间把手洗干净。当然,餐桌上肯定都会摆着湿毛巾。但这种情况下不要用毛巾擦手,而是要故意将孩子带到洗手间,喀哧喀哧地使劲儿把手洗干净,让孩子为自己刚才的行为负责。也就是说,要故意让孩子觉得麻烦。很多时候,妈妈为了赶紧开始吃饭,可能只会敷衍了事地批评孩子一句"别摸了",但其实,**若无其事地让孩子去做费劲的事才是有效的处理方式**。

有的妈妈可能会批评孩子说"不可以摸!",然后"啪"的一下把孩子的手打开。孩子当时可能会把手拿开,但过了一会儿又会去摸,这

时，妈妈又"啪"的一下打过来。这种做法毫无策略可言，甚至可以说是最不可取的一种处理方式。

妈妈不需要告诉孩子"不许摸小鸡鸡"，只要让他知道"如果吃饭前摸了小鸡鸡，就必须重新去洗手"。

其实，孩子开始对自己的身体感兴趣，**就说明他可以玩的东西太少了**。我后来了解到，案例中的这位妈妈规定孩子平时"不能玩游戏机""玩泥巴会弄脏衣服所以也不能玩""跳舞会吵到楼下的邻居所以也不可以"，这样，孩子能玩的，只有自己的身体了。

我曾经见过一个5岁的小男孩，他一直在使劲儿地摆弄自己的小鸡鸡，我就直截了当地问他："哎，小朋友，小鸡鸡和游戏机，你更喜欢玩哪个？"果然不出我所料，小男孩回答说："我想玩游戏机！"这个孩子的妈妈原本规定他一天只能玩半个小时的电视游戏，后来允许他每天玩两个小时，结果，孩子完全改掉了摸小鸡鸡的习惯。这个方法虽然不适用于第二性征发育后的青春期孩子，但对小孩子而言是完全奏效的。**父母需要做的，就是要适当丰富孩子的室内活动，或者允许孩子浑身沾满泥巴、跑来跑去地自由玩耍。**

这里列举的，只是孩子身上出现的极少一部分坏习惯。要改掉其他坏习惯也是同样的思路。记住，要想当场让孩子记住哪些才是恰当的行为，父母就不能嫌费事、怕麻烦。

第2章 别给孩子的性格贴标签,所有问题都只是具体的行为问题

你是否将所有问题都归咎于孩子的"性格",对孩子只批评不表扬?

案例12 孩子一不高兴就会打其他小朋友

儿子今年5岁,天生不善于表达,在幼儿园和小朋友争抢玩具时,总是爱动手打小朋友。对我和他爸爸也是动不动就大打出手。我总对他说"有话好好说,别老动手打人",可他根本不听。我想帮他改掉这种性格。

教育秘诀

父母要教会孩子友好地和小朋友相处。

爱打人不是"性格"问题

通常情况下,看到自家孩子打别的小朋友,妈妈往往会批评孩子:"怎么可以动手打人呢?"孩子受到批评开始哭了,妈妈还是继续追问:"为什么要打人啊?别只顾着哭,告诉妈妈为什么要打小朋友。"于是现场便会乱作一团,甚至发展到不可收拾的地步。

孩子打了别的小朋友,大多数妈妈都会质问孩子为什么要打人。她们认为孩子是因为说不出"想要小朋友的玩具"才动手的,如果能把自己的想法说出来,就不会再去打小朋友。

但很多时候,这只是妈妈对孩子的误解。

因为,跟小朋友抢玩具而动手打人的孩子,很多情况下并不知道什么才是恰当的行为。如果父母认为教育孩子就是靠动动嘴皮子来教的话,在育儿过程中就可能会遇到很多问题。

要改掉孩子爱打人的习惯,就要不断地教孩子如何用恰当的语言来和小朋友们相处和交流。

当孩子因为争抢玩具而打了小朋友时,首先要让他对小朋友说"对不起"。如果孩子怎么也不肯道歉,就暂且先不要过分地强迫孩子,反正孩子早晚都能学会说"对不起"。强迫孩子道歉,一定程度上是在教他撒谎,因为孩子并不认为自己有错。所以,**不必过分拘泥于孩子是否能当场向小朋友道歉**,可以采取更好的办法来教育孩子。

比如拉着孩子走到30米外,把他带到公园边上,然后安静地、坚决地跟他说:"动手打小朋友是不对的!""下次想要玩具时记得要说'借我玩一下好吗'。"把孩子硬拉到离小朋友们很远的地方,孩子很有可能会哭喊着反抗。只要孩子有所反抗,你就可以确信"让孩子暂时离开小朋友"的策略一定会奏效。

孩子平静下来后，就让他重新回到刚才玩耍的地方。如果孩子又开始动手打人，妈妈可以再次把孩子拖到30米外，再次安静、坚决地告诉他："动手打小朋友是不对的！""下次想要玩具时记得要说'借我玩一下好吗'。"这时，如果妈妈感情用事地批评孩子"到底要让我说几遍你才能记住啊"也是毫无意义的。关键是要让孩子明白只要"动手打小朋友就不能跟小朋友们一起玩"。

如果孩子一直大哭大闹，妈妈就要安静、坚决地对孩子说："因为你打了小朋友，所以今天就不能再在这儿玩了。"然后直接把孩子带回家。这时，即使孩子赶忙道歉说"对不起，我错了"，也要坚持将他带回家，因为孩子以后还有很多机会可以和小朋友们进行交流。妈妈要知道，孩子此时说的"对不起"并不是要向小朋友道歉，只是因为不愿意回家而已。

妈妈这种坚决的态度，能让孩子逐渐明白"动手打人"会带来怎样的后果。当孩子再想要玩具的时候，就有可能不再动手，而是已经学会说"借我玩一下好吗？"。

你是否经常会说"这孩子到底像谁呀？！"

关于"怎样帮孩子改掉爱打人的习惯"这个问题，暂且说到这里。不过，有一点想再强调一下，就是案例中这位妈妈提到的"孩子天生不善于表达，喜欢动手打人"。这位妈妈认为，爱打人是孩子的性格问题。但其实，也有可能是下面这种情况：

大部分妈妈可能意识不到，当自己对孩子不满时，动不动就会动手打孩子。在进行育儿指导过程中，我有时会遇到这样的情形：前来咨询的妈妈向我抱怨说"我家孩子一不高兴就爱打人"，但其实，为了让孩子保持安静，这位妈妈30分钟前还在候诊室打了孩子。

也就是说，如果父母一生气就动手打孩子，孩子也会自然而然地效仿父母。妈妈打孩子的初衷可能是为了教育孩子，但同时也会让孩子觉得，不高兴时动手打人也是迫不得已的事情。其实很多时候，孩子的坏习惯也正是父母自身的写照。

而且，有的时候即使妈妈不去打孩子，爸爸也会动手打孩子。尤其在亚洲国家，人们往往很容易接受"严父形象"，因此，父母往往怎么也不会想到自己的行为竟然会给孩子造成不好的影响，或者也有可能没有意识到是孩子的哥哥姐姐动手打人影响到了他。

通常情况下，父母很难意识到孩子动手打人可能是由周围环境造成的，所以很多人会认为，"养成坏习惯是孩子的性格使然，因此必须要改变孩子的性格才行"，甚至可能还会出现更糟糕的情形。

比如婆婆对儿媳不满，有时会挖苦儿媳说："我儿子敦厚老实，从小就不会动手打人。我家孙子到底像谁呀！"这里，婆婆把孩子的坏习惯归咎于遗传因素。于是，一边挖苦儿媳，一边认定孩子（这位婆婆的孙子）遗传了妈妈（这位婆婆的儿媳）的性格。

类似"这孩子到底像谁呀"这样的抨击性语言还有很多。比如："这孩子和他妈妈一样都是B型血，才这么我行我素的吧。""这孩子是独生子，所以才这么任性的吧。"

我想大家或多或少都应该听说过类似的话吧。

人们习惯将人的坏习惯归咎于"性格原因"和"遗传因素"，这种想法似乎已经理所当然地渗透到了我们每个人的心里。父母一旦陷入这种思维定势，那么育儿只会越来越走向歧途。

将"性格"换成"行为"来考虑问题

所谓"性格"究竟是什么呢？人的性格是否会发生变化呢？这些都属于心理学的范畴，也是很多研究者一直以来不断探讨的一个话题。

人们常说，"性格是与生俱来的"，可见大家普遍认为"性格是无法改变的"。正因为如此，有的妈妈会对孩子感到失望，认为"爱动手打人是孩子的性格使然"，而有的妈妈会感到很焦虑："要是像他父亲那样可就糟了！"

但妈妈们，如果我们把"性格"换成"行为"来考虑会怎样呢？

孩子动手打小朋友，不是因为他秉性如此，而只是他的一种行为表现。而"行为是可以改变的"，这样一来，你的心情是不是会轻松一些呢？是否会觉得"事情并没有想象的那么严重"呢？

如果将孩子的坏习惯归咎于"性格原因"和"遗传因素"，父母就会对孩子感到绝望，认为"已经毫无办法了"。但如果认为坏习惯只是孩子的一种"行为"，父母就会从宿命论中解脱出来，从而创造出无限的可能性。

在育儿过程中，这一点是非常重要的。

而且，正因为行为是可以改变的，所以，要改掉孩子的坏习惯就需要在生活中不断地进行实践练习。

的确，被父母称之为"性格"的某种行为方式，可以说已经成为一种根深蒂固的习惯，不可能轻而易举地改掉。但其实，通过改变我们的日常行为是可以改掉某种习惯的，比如刚刚成功戒烟的人和患上糖尿病的人，他们的饮食习惯就与之前相比发生了很大的变化。由此可见，从幼儿时期就注意培养孩子的好习惯是多么地重要。父母认为孩子"天生性格如此，改不了"而放弃对孩子的教育，是一种极其不负责任的做法。

如果家里有三个孩子，三个孩子肯定各有特点，比如"大儿子爱哭""二儿子爱打人""三儿子一不高兴情绪就很难好转"，等等。父母通常会说"三个孩子的性格各不相同"，其实准确地说，只是"三个孩子的行为方式各不相同"而已。

既然问题在于孩子的行为，那么，我们就可以多去思考一下"应该让孩子学会哪些行为"。

逼问孩子"为什么做不到?""为什么不那样做?",孩子的行为不会有任何变化

案例13 每次问女儿"为什么不那样做?",她总是支支吾吾答不上来

女儿今年6岁。每次看到3岁的弟弟玩她的玩具时,她总是会故意夺过来,惹得弟弟大哭一场。因为经常会发生类似的事情,所以我就问她:"为什么不能给弟弟玩一下?""为什么故意惹弟弟哭?"可是,女儿总是支支吾吾答不上来。孩子的这种态度让我很担心。

教育秘诀

给孩子提出具体的方案,比如"2点45分到3点让弟弟玩一下好不好?"。

不要质问孩子"为什么?",而要明确引导孩子的行为

比起孩子的态度,我其实更担心这位妈妈的态度。

每位妈妈都希望孩子能成长为自己心目中的样子。我想应该没有哪位妈妈没有这种愿望吧。妈妈希望孩子"对弟弟好一些"或者"能守规矩"也是可以理解的。

所以,当妈妈希望女儿"对弟弟好一些",但现实却恰恰相反时,就会质问女儿:"为什么不能给弟弟玩一下?""为什么故意惹弟弟哭?"这位妈妈之所以这样问,可能是考虑到"这样下去对女儿的成长不利",或者"孩子肯定是有什么原因才这么做的"。

但是,类似"为什么……"这样的问题,妈妈只应该自己在心里思考一下,而不应该直接去问孩子,因为孩子也不知道该怎么回答。

其实,妈妈只不过是把自己解决不了的难题发泄到了孩子身上而已。比如:"为什么要把脱下来的衣服到处乱扔呢?""为什么不和小朋友们一起玩啊?""为什么不和邻居田中先生打招呼啊?",等等。

即使把这些问题丢给孩子,也不会得到任何答案。

有一个词叫做"愚蠢透顶"。本来应该自己在心里暗暗思考的问题,非要拿出来质问孩子,让我说这就是一种愚蠢透顶的做法。实在对不起,我忍不住用了"愚蠢透顶"这个词,但我想,应该会有很多父母会想到"啊,我也经常这么问孩子!"的吧。如果父母能不断地反省自己,重新审视自己与孩子相处的方式,就不再是愚蠢透顶,而是会逐渐领悟到育儿的真谛。

告诉孩子具体该怎么做,才能改变孩子的行为

其实,"为什么……"只不过是妈妈把自己想说的话用"为什

么……"的句式表达出来,用提问的方式来发泄自己内心的不满而已。孩子如果一直被妈妈追问"为什么……",那么,不管是经过3年还是10年,孩子都不会有任何成长。

不仅如此,父母还会对孩子越来越失望,而孩子虽然知道父母是在批评他,却不知如何是好,久而久之就会陷入一种恶性循环。

要想改变这种恶性循环,父母就需要给孩子提出具体的行为方案,来代替孩子已经做出的不好的行为。

比如,当看到女儿从弟弟手中抢回玩具时,可以对她说:"2点45分到3点之间,把玩具借给弟弟玩一下好不好?"这时,可以让孩子看一下表或者计时器,并对她说:"让弟弟玩15分钟左右可以吧?"如果女儿同意了,妈妈一定不要忘记对她说一声"谢谢"。

如果孩子有丢三落四的坏习惯,父母可以和孩子一起制作一张物品清单,并告诉他:"上学之前,自己要先确认一下东西有没有带齐哦。"将铅笔盒、课本、笔记本、通讯录等每天确认一遍,孩子慢慢就能自己发现有没有忘带东西。

通过这些方法,父母慢慢就不会再去责怪孩子:"为什么总欺负弟弟?""为什么总是丢三落四的?"

下面,为了让父母不再批评孩子"为什么早上这么爱磨蹭?",我们来看看怎么用同样的方法让早上不按时起床的孩子能够提前1小时起床。

要解决这个问题,不仅要思考怎么应对孩子第二天早上不按时起床,关键还要考虑前一天晚上能做些什么准备。比如,让孩子早一点洗澡,或者提前1小时吃晚饭,等等。父母需要做的,不是追究孩子"为什么不能按时起床",而是要从周围环境入手来解决这个问题。

当然,如果孩子不接受妈妈的提议,那就另当别论了。有的妈妈可能会说:"我家孩子肯定不听!"遇到这种情况时,父母一定要特别注意说话的方式,因为一不留神,就有可能又开始责怪孩子:"为什么不接受妈妈的提议?""为什么做不到?"

这时,妈妈应该试着引导孩子,试着这样说:"那你自己想一下有没有什么好办法呢?"

为了让孩子早上能按时起床,妈妈想让孩子前一天晚上早些洗澡和吃饭,却面临一个棘手的问题:孩子喜欢看的电视节目都集中在9点前后。

这时,妈妈可以提出自己的建议,比如:"妈妈帮你把节目录下来好不好?"以此来引导孩子做出父母所期望的行为。

如果孩子暂时不接受妈妈的提议,妈妈就可以跟孩子说:"那我们就按你说的来试三个月,妈妈也会尽量配合你的。"这样,家长就可以跟孩子商量他具体应该做些什么,妈妈也不会再去批评孩子"为什么做不到呢?""为什么你会变成这个样子呢?",也不会再去极度不满地评判孩子的性格有问题。

提出具体方案,告诉孩子到底应该怎么做

"为什么不能给弟弟玩一下呢?!"

→ "2点45分到3点之间借给弟弟玩一下,好不好?"

"为什么总是丢三落四的呢?!"

→ "每天上学之前,自己对照门口的物品清单确认一下有没有忘带东西,好不好?"

"为什么总欺负弟弟?!"

→ "和弟弟一起刷牙,你教教他怎么刷好不好?"

第2章 别给孩子的性格贴标签，所有问题都只是具体的行为问题

"为什么总把脱下来的衣服到处乱扔？！"
→ "有没有人愿意帮妈妈把衣服收到洗衣筐里啊？"
　"试试看能不能和妈妈叠得一样整齐？"

妈妈一个劲儿地问孩子"为什么做不到？"，孩子也不知该怎么回答。这样只会导致妈妈对孩子越来越不满。

引导孩子思考解决问题的方法

妈妈自己在心里思考"孩子为什么做不到呢？""为什么……呢？"并不是一件坏事。但注意不要过长时间停留在这种自问自答的状态。如果不把问题说出来，只是内心一直在纠结"为什么会这样？"，是很难想出有效的教育方法的。因此，妈妈要学会思考如何去解决问题，而不是自顾自生气。

如果妈妈一直在积极地思考解决问题的方法，那么孩子就会看到妈妈的不断尝试和努力，自然而然也会受到积极、正面的影响，毕竟，所有家长都希望孩子在遇到问题时，不要总是发牢骚，或者极度不满地去责怪别人，而是要学会思考"我应该如何去解决这个问题呢？"。

育儿的过程其实非常宝贵，同一个问题，家长和孩子都会碰到无数

次，并会无数次思考："我该怎么办呢？"其实这个过程本身就是一笔巨大的精神财富——父母和孩子在反复摸索的同时，可以共同体会问题解决之后的喜悦。

◎ **奥田老师应用题**
孩子有时会自己打开冰箱找东西吃，我该怎么教育他才好呢？

对于这个问题，针对不同类型的家庭，解决方案也会有所不同。比如，有的妈妈不希望孩子随便碰冰箱里的东西，而有的妈妈却觉得无所谓。另外，每个孩子一日三餐的进食程度（吃到几分饱）也不尽相同。因此，对不同孩子的要求也就不一样。所以，这个问题太过笼统，我没法作出具体的回答。

当然，如果这样来搪塞读者的话，这本书也未免太不负责任了。这里，我想给各位妈妈一点提示：你有没有告诉孩子应该在什么地方吃东西？

如果一个孩子已经养成了在餐桌前吃东西的习惯，那么他肯定会在餐厅向妈妈表示自己饿了。如果父母没有告诉孩子应该在什么地方吃东西，那孩子自然会随便打开冰箱找东西吃。

妈妈从冰箱里拿东西给孩子时，如果告诉孩子一定要到餐桌旁吃，那么他就不会自己随便打开冰箱。所以，就算是给孩子一根鱼肉肠，也要让他先到餐厅等着。

其实有的时候不是"孩子任性"，而是"父母让孩子变得任性"。 也许，这位家长需要重新审视一下自己的育儿方式。

孩子爱使性子、说气话，一定要让他对所说的话负责

案例14 孩子爱发脾气、爱使性子

女儿今年8岁。本来我们一家四口约好周末要去专卖店逛一逛，但快到周末的时候，女儿因为一点小事便开始闹脾气，说什么"我不去了，你们三个人去好了"。到了周末，却又开始兴冲冲地作各种出门的准备。我问她："哎？你不是说不去了吗？"她还有点不高兴地说："我当然要去！！！"没办法，最终我还是带她一起去了。类似这样的事情已经不是一次两次了。我想知道孩子为什么这么爱使性子。

教育秘诀

要让孩子对她自己所说的话负责。既然说了"不去"，就不要再带她去。

不能让孩子以为"只要使性子，父母就会听我的"

孩子都很喜欢使性子，比如上面提到的这个孩子。其实她并非真的不想去，只是想让爸爸妈妈知道自己不高兴了，所以才使性子给他们看。一般情况下，家长都会认为爱使性子是孩子的性格使然，认定"孩子爱闹脾气"是性格问题。

但其实，爱使性子并不是因为孩子的性格有问题，只是孩子养成了"**爱使性子的习惯**"，是孩子成长过程中形成的一种"行为习惯"而已。

所以，对于孩子"为什么爱使性子"这个问题，家长没有必要过于深究。因为如果将此归咎于孩子的性格，表面上看似乎讲得通，但其实只会陷入毫无意义的循环论证："孩子之所以爱使性子，是因为天生性格如此。"按照这一思路，父母就会认为"这个孩子就这样了"。这是一件多么不幸的事情啊！父母在处理孩子爱使性子的问题上，关键是要注意自己的处理方式，说到底就是要让孩子对他自己说出的话负责。

假设孩子使性子说："我不去了！你们去好了！"这时，大人要对孩子说："那你就一个人待在家里吧！"并且要真的将孩子留在家里。想要改掉孩子爱使性子的习惯，家长必须要采取这样的处理方式。

假设本来一家人约好要一起外出，但就在几天前孩子突然闹起脾气来，说："我不去了！你们三个人去好了！"这时，妈妈不必感到惊慌失措，而是要马上问孩子："你确定不去了，是吗？"如果孩子立刻道歉说："啊，妈妈对不起，我还是去吧！"妈妈就可以原谅孩子，不过这仅限于孩子马上道歉的情形。

当问他"你确定不去了，是吗？"，孩子继续使性子满脸不高兴地说："对，我不会去的！"这就说明孩子认定父母已经在自己的掌控范围之内了。这时，一定要让孩子对此负责。

要让孩子知道"闹脾气必然有所失"

最不可取的做法是，当天快要出门时，孩子道歉说："妈妈对不起，我还是决定跟大家一起去！"而妈妈竟然答应了孩子的请求。可能有的孩子还会哭着央求父母带自己一起去，这时，容易被打动的父母看到孩子温顺、撒娇的样子，就会觉得"既然孩子都已经道歉了，再把他一个人扔在家里实在是不忍心"。如果孩子来个号啕大哭，父母就更担心"把孩子一个人扔在家里不会出什么事吧？"，最终还是带孩子一起去了。

这种处理方式就表明父母已经输给了孩子。其实孩子当天道歉说要一起去的时候，正是改掉孩子爱使性子这一坏习惯的好机会。父母必须坚决地对孩子说："你不是说不去了吗？"然后坚持把孩子一个人留在家里。解决这个问题的关键在于，要让孩子真正体会到这种痛苦的经历。这里绝不是要对孩子进行体罚的意思，而是要让孩子体会到单单只有自己没能去成专卖店的"失落感"。也就是说，要让孩子知道"闹脾气必然有所失"。这里我想再强调一遍，千万不要对孩子进行体罚，父母只需要让孩子知道，是因为他说的话才使他失去了和大家一起外出的机会。

那下面这种处理方式是否可行呢？外出的前一天，妈妈内心非常纠结："这孩子是真的不想去吗？"于是便问孩子："明天你真的不去吗？"大家觉得这种做法可取吗？

这种做法当然也是不可取的。但实际上，很多妈妈可能都会采取这样的处理方式。

如果在外出的前一天问孩子："明天你真的不去吗？"那么孩子肯定会越发地闹起脾气来，而且会越来越听不进父母的话。

妈妈们，你们在担心什么呢？家长没有必要跟孩子确认他是不是真的不想去，家长需要做的，只是静静地观察孩子的一举一动，在心里默念："来吧，来吧，快来向我道歉吧！"而绝对不能跟孩子说："你随时都可以来向妈妈道歉哟！"如果孩子最终都没有主动过来道歉，妈妈只要在心里暗想"好了，这下你真的去不成了！"就可以了。

如果孩子能主动道歉："前几天我说我不去专卖店了，我想了下，我还是跟大家一起去吧。对不起，我说得太过分了！"这绝对就没问题了。孩子肯定一直在为自己闹脾气说"不去了"而后悔不已。这时，妈妈需要做的，就是微笑着对孩子说："那到时候我们一起去啊！"

用结果告诉孩子父母的想法

要改掉孩子爱使性子的坏习惯，关键是要让孩子知道，是他自己的言行导致了"不能和大家一起去"的后果。

孩子一个人待在家里，脑子里会不断浮现出妈妈说的那句"你不是说你不去了吗？"。把孩子留在家里，也是希望他能深刻地体会到妈妈这句话的分量。这一点是非常重要的。

由此，孩子会意识到，自己说的话伤害到了别人，所以才导致了"不能去"的结果；自己闹脾气说"我就不去！"，所以才会被一个人留在家里。

慢慢地，孩子就会发现："如果我使性子的话，妈妈真的会把我一个人留在家里呢！"

但实际上，一次经历就让孩子产生改变，是比较理想化的。育儿并没有这么简单，在现实的育儿过程中，会遇到各种各样的突发情况。

假设孩子真的被一个人留在家里没去成专卖店。一个月后，全家人约好要一起去附近的游乐场玩。离约定日期还有5天的时候，孩子因为和哥哥吵架而心情不好，于是又开始使性子说："我不去游乐场了！"

这时，妈妈不可以威胁孩子："怎么又说这样的话？""还会跟上次一样会被一个人留在家里哟！"而是应该想：机会又来了！这时，只要装作漫不经心地对孩子说"这样啊，那好吧"就可以了。

孩子会记得，上次妈妈说了"你说过不想跟大家一起去的，对吧？"之后，就真的把自己一个人扔在了家里。有了上次的经历，孩子很可能就会察觉："啊，这次又会被一个人丢在家里！"妈妈一句漫不经心的"这样啊，那好吧"会让孩子感觉到事情不妙。于是，即使妈妈不去引导和催促孩子，他也会主动地反省自己，对妈妈说："妈妈，对不起！""我再也不说那样的话了！"

长大成人依然爱使性子的话……

有时，孩子也不清楚自己为什么会闹脾气，其实即便是成年人，有时也会控制不住说一些过分的话。

但是，如果不让孩子从小学会对自己的言行负责，他会误以为"就算使性子也不会有什么损失"。

那么，爱使性子的习惯一直持续到孩子长大成人，会对他产生什么影响呢？

假设孩子长大后开始独立承担一项工作。上司问他："工作进展得怎么样了？"他回答："还没做完。"上司又说："能按期完成吗？要是不好好干我可换人了啊！"这时，如果他对上司使性子说："那你换人好了！"结果会怎样呢？或者即便没有这么说，却摆出一副不服气的样子，结果也就可想而知了。

使性子的行为是无法适应现实社会的。这样做只会让周围人对你敬而远之，而你自己也会觉得工作越来越没意思，于是，便会"完全陷入使性子的模式"，认为"公司不能理解自己"，最终很有可能作出"辞职"的决定。

近几年来，越来越多的人好不容易找份工作，不到三年，甚至不到一年，有的甚至连一个月都不到就辞职了。

为了避免这种情况的发生，家长就需要在孩子小的时候让他学会对自己的言行负责，让他明白"使性子必然有所失"的道理。育儿过程其实就是一个锻炼孩子不断成长的过程，家长要在这个过程中逐步帮助孩子养成对自我言行负责的习惯。

如果家长能下定决心，坚持不懈，孩子就一定能明白父母的良苦用心。慢慢地，当孩子说了过分的话时，他自己便会觉得过意不去，知道必须要为自己所说的话负责。这对孩子而言就是一次很棒的成长和进步。

所以要记住，孩子开始使性子的时候，正是你帮孩子改掉坏习惯的好机会。

◎ **奥田老师应用题**
怎样才能改掉小孩子爱使性子的坏习惯？

四五岁的孩子有时也会跟父母闹脾气。比如一不高兴就乱扔东西，中途闹别扭说"我不去了！"，等等。遇到这类情况，有的妈妈可能会对孩子连哄带劝，其实，这时应该让孩子知道"耍脾气也没有用"。要改掉孩子爱使性子的坏习惯，父母不可以"糖块、棍棒"一起用，而应该是以"有糖块"和"没有糖块"来区别对待（请参照第1章）。也就是说家长不可以用言语

第2章 别给孩子的性格贴标签,所有问题都只是具体的行为问题

批评孩子,只需要让孩子知道,如果闹脾气,就一定得不到"糖块"。当然,需要注意的是,不能用话语来威胁孩子,解决问题的关键是要让孩子体会到,是他自己的言行导致他没能得到应有的乐趣。

也许有时候孩子会不甘示弱,反而更加起劲儿地发起脾气来。这时,父母要坚持到底,不能放弃。孩子早晚会发现,就算使性子也不会得到什么。于是,孩子只能另外寻找与父母进行交流的方式。这对父母而言是一个绝佳的机会:一旦发现孩子已经学会了更好的交流方式时,就一定要抓住机会使劲儿地表扬孩子。

第3章

"家长主导"而非"孩子主导",
才能培养出"懂得克制的孩子"

怎样让爱磨蹭的孩子不再讨价还价？

案例15 每次吃饭、换衣服时我都让孩子折腾得够呛

女儿今年4岁,很多事情得说好几遍她才肯听。每次换衣服、刷牙、睡觉时都会跟我讨价还价。比如,我说:"吃饭啦!"她便会说:"人家正玩得高兴呢!"我说:"吃完饭再接着玩好不好?"她会说:"人家才刚刚开始玩呢!"我说:"那等你玩够了要过来吃饭哟!"她便说:"人家还不饿呢!"我始终觉得这个孩子并不是真的那么喜欢玩,她这样做只是为了引起我的注意。有什么好的办法能让女儿不再跟我讨价还价吗?

教育秘诀

这位妈妈现在处于"被控制"的地位,所以首先要夺回自己的主导权。

第3章 "家长主导"而非"孩子主导",才能培养出"懂得克制的孩子"

孩子反驳你,只是想让你关注他

4岁大小的孩子经常会不听妈妈的话,这是孩子成长过程中的一个必经阶段。

案例中这个女孩肯定非常喜欢自己的妈妈,因为特别想和妈妈交流,才会抓住各种机会来顶撞妈妈。也就是说,女儿想让妈妈按照自己的步调跟她相处。但每当女儿不听话的时候,妈妈都会感到不知所措。

这位妈妈问:"有没有什么好的办法可以控制住孩子?"其实,这位妈妈,你首先得意识到,现在是你反过来被孩子"控制"了。

孩子觉得,妈妈喊自己吃饭的时候,如果马上乖乖走向饭桌,那么与妈妈的交流也就结束了。但如果不去吃的话,妈妈肯定还会继续跟自己说话。

明白了吗?孩子之所以会说一些闹情绪或者反驳妈妈的话,其实是孩子在与人交流过程中增加对话次数的一种"引人注意的招数"。

处于这个年龄段的孩子,都希望妈妈能多注意到自己。如果乖乖地听妈妈的话,妈妈肯定会开始做另外的事情而不再理自己,那么"高兴的时间"就会变短。

如果在这里用上"天平"的话,与"乖乖地马上去吃饭"相比,不听话可以延长"高兴的时间"的想法占了上风,因此孩子的行为自然会倾向于"顶撞妈妈"这一边。

这是孩子根据以往的经验自己摸索出来的规律。

让孩子知道"必须要听妈妈的话"

了解了这一点之后,妈妈该怎样去处理孩子的这种行为呢?也就是说,"怎样才能让孩子不再跟父母讨价还价呢?"

孩子根据以往的经验，发现只要反抗，妈妈就会多跟自己说会儿话。所以，**妈妈要让孩子知道，如果不听话，就不能继续跟妈妈交流。**

比如，妈妈可以只说一遍，不要给孩子讨价还价的机会。回到案例中的情形，妈妈喊："吃饭啦！"如果孩子回答说："人家正玩得高兴呢！"这时妈妈不要按照女儿的意愿继续跟她讲话，说一些类似"吃完饭再玩好不好？""还不赶紧收拾一下吃饭！"之类的话，而是可以对孩子说："那妈妈先吃啦！"然后便一个人开始吃饭。

有的孩子看到妈妈开始吃饭了，就会觉得一点儿都不好玩，于是便急急忙忙跑向饭桌。只要妈妈能够坚持下去，让孩子知道即使反抗，**妈妈也不会再和他多说话，孩子就有可能会去寻找其他更好的与妈妈交流的方式。而妈妈则不可以每次都责备孩子，或者反复地给孩子讲道理，因为那样很有可能会错过与孩子进行交流的好机会。**

即使孩子是极不情愿才过来吃饭的，妈妈也要表扬孩子："这么快就来吃饭了呀！""真了不起！"并且要主动跟孩子进行交流："吃完饭我们一起玩好不好？""今天睡觉前看哪本图画书好呢？一会儿跟妈妈一起去书架选一本好不好？"这样，孩子慢慢就会发现，只要听妈妈的话，就可以和妈妈进行愉快的对话。

这里需要注意的是，不要跟孩子说："如果你听话，妈妈就会和你聊天哟！"很多妈妈不经意间都会这么说。这时，孩子就有可能会反驳说："我才不想跟妈妈聊天呢！"于是妈妈便会问孩子："为什么总是这么不听话？"孩子回答说："因为妈妈太爱唠叨了！"妈妈继续追问："为什么……"最终不知不觉间又被孩子控制了局面。

其实妈妈需要做的，就是简短地告诉孩子需要做什么，让孩

第3章 "家长主导"而非"孩子主导",才能培养出"懂得克制的孩子"

子知道,如果听话就能得到他想要的(可以跟妈妈聊天),如果不听话就得不到他想要的(也就是,不能和妈妈聊天)。很多时候,教育孩子不能仅仅依靠讲道理和劝导。

家长巧妙的处理,能让孩子喜欢上原本他觉得麻烦的事

我们也可以用同样的办法来改掉孩子早晨穿衣服时爱磨蹭的习惯。假如孩子已经可以自己换衣服了,却总是不肯独立完成去幼儿园前要作的准备,"快一点,要不然该迟到了!""知道啦——""好了吗?""还没!",这样一来,孩子往往需要多花几倍的时间才能换好衣服。等到妈妈突然发现"啊,已经来不及了"时,便会帮孩子把衣服穿好。

孩子明明自己会做,却故意磨磨蹭蹭,他这样做可能是想引起妈妈的注意。当然,也有可能是嫌"换衣服太麻烦",或者房间太冷"不想换"。

这种情况下,妈妈要想占据主动地位,就要让孩子知道,如果能迅速穿好衣服,就会"有愉快的事发生"。比如,可以给孩子一些奖励,"如果7点45分之前能穿好衣服的话,早饭就可以多吃一块苹果哟!",等等。

或者也可以采取比赛的方式,比如:"和爸爸比比看谁能先穿好衣服并坐到饭桌前好不好?""试试看能不能在这首歌播完之前把衣服换好吧?"当孩子发现"只要迅速换好衣服,就会有愉快的事情发生"时,就会逐渐养成主动换衣服的习惯。

> 比训斥孩子"快一点！"更有效的话语

"那妈妈可要先吃喽！！"
"三分钟以内换好衣服的话，就可以多吃一块苹果哟！"
"和爸爸比赛喽！谁会更快呢？"
"广告结束前能不能穿好呢？预备——开始！"
"吃完饭我们一起玩，好不好？"
"再不快点过来的话，妈妈可要把你最喜欢的水果色拉吃掉啦！"
"哎呀，因为你没有和妈妈一起吃饭，所以今天就吃不到布丁啦！"

> 听话就会有愉快的事发生，不听话就会失去特权——不同的结果可以引发孩子不同的行为。

试过各种方法，孩子依然磨磨蹭蹭时……

拿吃饭的例子来讲，有的孩子即使听到妈妈说"那我先吃啦"，也会继续撒娇说"人家还没有玩够呢！"。孩子可能是想多玩一会儿，也可能是想多跟妈妈说会儿话。

这时，妈妈可以明确地警告孩子："如果不跟妈妈一起吃的话，就吃不到布丁了哟！"布丁是傍晚出去买东西时，孩子央求妈妈买给自己的饭后甜点。他应该非常期待能吃到布丁。听到妈妈说不让自己吃了，孩子可能就会想"我得听妈妈的话才行"。

第3章 "家长主导"而非"孩子主导",才能培养出"懂得克制的孩子"

这里需要注意的是,妈妈的语气要温和、幽默,但一定要坚定、坚决地去执行:"我再说一遍,你要是还不来吃饭的话,就真的吃不到布丁了哟!"

可能很多妈妈会担心:"这种做法会不会导致孩子只有在受到威胁时才肯听话?"

我们当然不能让孩子变成那样。其实这种做法并不是对孩子进行威胁。担心"这不就是威胁吗?!"的妈妈们,往往更容易受到孩子的摆布和控制。

家长不能摇摆不定,没有主见

在育儿过程中,妈妈们每天都要忙于应付各种事情。如果孩子一直很听话还可以,但很多时候孩子会突然闹起情绪来,或者一个劲儿地撒娇缠着妈妈不放,本来可以自己做的事情也不去做了,这让妈妈很头疼。

但是,妈妈们每天还有很多家事要做,做饭、打扫卫生、洗衣服、买东西……婚后坚持上班的妈妈还要处理公司的工作,与此同时还要承担起教育孩子的责任,所以,她们基本上没有多余的时间和精力。

所以,妈妈们每天都会因为一些日常琐事忙得团团转。她们做梦也不会想到,自己竟然会被孩子控制。但是,妈妈们,如果你们意识不到这一点的话,你们就有可能会成为摇摆不定、没有主见的人,继续任由孩子摆布。

如果妈妈没有主见,孩子就会更加肆意妄为。日常生活中如果一直让孩子按照他自己的意愿做事,就会使他养成任性的坏习惯,就算长大后也不懂得忍耐和包容。

在育儿过程中，如果你"想让孩子听话""希望孩子不要做不该做的事""希望孩子能积极主动"，那么，你就需要掌握一些"对付孩子的本领"。

要想知道孩子为什么会做出那样的行为，妈妈不仅要仔细观察孩子的举动，同时也要对自己的处理方式作出客观评价。当你充分了解了一种行为会给孩子带来什么样的"正面影响"时，就能够巧妙地引导孩子改变他的行为。为此，妈妈也必须要改变自己的一些行为方式。

父母要让孩子知道，当他拖拖拉拉不肯去做他自己不喜欢的事时，就不会有"高兴的事"发生，而只有当他主动完成了应该做的事，才会出现让他"高兴的事"。只有这样，才有利于孩子养成良好的习惯。

第3章 "家长主导"而非"孩子主导",才能培养出"懂得克制的孩子"

适当收回"特权",可以引导孩子不再去做"不可以做的事"

案例16 我家孩子不管说多少遍,总喜欢在电车上来回乱跑

儿子今年5岁。我总跟他说"不可以在电车上又蹦又跳的哟",可他根本不听。孩子一直想坐"假日观光快速列车山梨号",所以,前些日子我们一家人打算乘坐这趟车去旅行。出发前,我跟他约好"上了电车可不能乱蹦乱跳哟",但上车后没多久,他就开始坐不住了。我该怎么做才能改掉他的这个坏习惯呢?

教育秘诀

孩子不遵守约定时,父母不应只是"黄牌警告",而应该"红牌罚下"。

日常生活中要"教育孩子遵守约定"

下面我们一起来帮这位妈妈出出主意。大家觉得这次旅行的结果会怎样呢？

孩子坐上自己喜欢的电车，肯定会非常兴奋，最终还是没能遵守与妈妈的约定，又开始在电车上蹦蹦跳跳。妈妈批评他以后，他稍稍安稳了一会儿，但没过多久又开始闹腾。妈妈再次批评了他，可过不了一会儿他又开始上蹿下跳。

孩子虽然知道自己惹妈妈生气了，但最终还是享受着车里的气氛顺利到达了目的地。妈妈可能会因为孩子不听话而稍微有些失望，但又觉得只要每次及时地提醒一下孩子就没问题，总觉得等下次再告诉孩子"不可以在座位上来回乱跳"就可以……

我想大部分读者都是这样想的吧。我们暂且称此为A方案。

在现实生活中，肯定有很多家长会采取上面这种处理方式。但也有很多父母会采取下面这种处理方式。

坐上电车后，孩子开始在座位上来回乱动。电车从新宿站出发，过了10分钟左右到达三鹰市附近。这时，妈妈会警告孩子说："你再不老实，我们可下车了啊！"如果孩子依然不听话，妈妈就会在到达下一站国分寺以前收拾好行李，并把孩子拽到电车门口准备下车。

这时，孩子肯定会哭着说："妈妈，我错了！""还在车上胡闹吗？""不了！""真的？""嗯！"看到孩子知道错了，妈妈也就原谅了孩子，一家人继续乘电车旅行。拿足球比赛的规则来讲，妈妈这时是对孩子出示了"黄牌"，明确地对他进行了"警告"。我们暂且称此为B方案。

你觉得A和B哪个方案更可取呢？A方案中，妈妈只是一个劲儿地迁

第3章 "家长主导"而非"孩子主导",才能培养出"懂得克制的孩子"

就孩子,别的什么都没有做。而B方案中,妈妈不仅警告孩子"再胡闹就下车",而且真的把孩子拽到了电车门口。这样看来是不是B方案更合理一些呢?

其实这两种方案我都不建议家长们采用,因为从育儿的角度来看,A、B两个方案都不够完善和充分。

我希望妈妈们能试一下下面这种方案。

孩子不遵守重要约定时,要"红牌罚下"

电车从新宿站出发,行驶10分钟后到达三鹰市附近。这时,妈妈要警告孩子:"你再不老实,我们可就不去旅行了哟!"如果孩子不听,妈妈要在到达下一站国分寺以前收拾好行李,并把孩子拽到电车门口准备下车。

接下来是与B方案不同的地方。电车到达国分寺站后,妈妈要拽着孩子的手,一家人一同下车。在孩子还没反应过来发生了什么事的时候,电车"咣当"一声关上门开走了。

孩子看到电车开走了,肯定会号啕大哭。但不管他怎么哭也已经于事无补了。这时,妈妈要对正在大声哭喊的孩子说:"啊,电车开走了。因为你没能遵守约定,所以我们今天就不去旅行了。"然后,领着孩子到对面的站台坐车回家。

也就是说,当孩子不能遵守重要约定时,父母不是出示"黄牌"进行"警告",而是直接"红牌罚下"。

这就是我向各位妈妈推荐的C方案。

当然,在执行C方案时,父母也要付出很多。能按照C方案处理这件事情的家长不到1%,因为很多父母一见到孩子哭就会心软。

旅行虽然主要是为了孩子才去的，但父母肯定也是非常期待。爸爸妈妈从很早以前就开始筹划这次旅行，甚至连餐厅可能都已经预订好了。

一家人一大早就收拾好行李出门，结果到了国分寺就回来了，白跑了一趟。不仅浪费了时间，因为还要取消预订好的餐厅、酒店，也浪费了金钱。

但是，如果从教育孩子的角度来考虑，这一切都没有白费。

懂得克制的孩子知道"哪些事情不能做"

A、B、C三个方案中，父母说话的分量有所不同。

A方案分量较轻，父母任由孩子摆布，意志不够坚定。

B方案中，妈妈虽然会警告孩子"不听话就下车哟"，但其实，这句话的分量也不重。孩子虽然稍稍有些害怕，但也不会留下深刻的印象。

C方案中，父母的言行是一致的。而且，孩子因为自己的行为而"失去"了他一直很期待的旅行机会，这种经历对孩子来说是宝贵而又深刻的。

上一章我们介绍了"爱使性子的孩子"的例子，这里也是同样的道理。**通过让孩子有所失，才能让他知道哪些事情不能做，也才能让他学会克制。**

只要父母坚定信心，"不要仅仅警告了事"，就不会再受到孩子的摆布。因为父母知道自己为什么要去警告孩子，所以不会整天战战兢兢，担心"孩子只有在受到威胁时才会动手做事"。三个方案中，只有C方案才能让孩子真正知道和了解父母的想法。

反倒是B方案的处理方式更像是对孩子进行"威胁"。而且,孩子虽然受到了威胁,但结果还是享受到了旅行的快乐。这种经历会让孩子觉得"威胁"不痛不痒,父母的话也会越来越没有分量。

对孩子发出警告,但他依然不能遵守约定时,父母可以让孩子无法实现他自己的愿望,这种真实的体验对孩子而言不是威胁,而是可以让他知道,正是他的所作所为才导致了这种"痛苦的经历"。这样,父母对孩子提出的恰当建议也会越来越有分量。

正是因为想让孩子遵守约定,父母才会"出示红牌"将其"罚下"。如果父母们都能这么想,那么在育儿过程中,不管遇到什么情况,都能自如地进行处理。而且,也不会陷入感伤主义,整天担心"会不会伤害到孩子的自尊心",或者"会不会让人误以为我不称职",等等。

尽快给孩子再次尝试的机会

在父母"出示红牌"后,关键是要尽快给孩子再次尝试的机会。就拿刚才的例子来讲,父母需要做的,就是再次筹划乘坐"假日观光快速列车山梨号"去旅行。

这时需要注意的是,时间不能间隔太久,最好在几个星期或者两三个月左右,并且要再次跟孩子说好"不可以在电车上来回乱跑"。

或许你会担心:"孩子会不会一上车又开始蹦蹦跳跳的?""我们会不会又要在中途下车?""还是说这次孩子就能乖乖听话呢?"其实你不用想太多,只要静静地观察"孩子通过上次的事情学到了什么"。

如果这次孩子能遵守约定,没有再在电车上吵闹,那么他自己就会得到一种满足感和幸福感,觉得"因为自己遵守约定,所以度过了非常愉快的一天"。这会与上次因为没遵守约定而不得不中途下车的经历形成鲜明的对比。

愉快的旅行结束后，妈妈一定要对孩子遵守约定的行为进行表扬。这种真实的体验（或有所失，或有所得）对父母和孩子而言都是一种最好的训练。如果单靠说教告诉孩子"哪些事可以做，哪些事不能做"，虽然看上去非常有耐心，但其实只是父母在偷工减料，只会收效甚微。

让孩子再次进行尝试，不仅能使父母的话变得越来越有分量，而且也是一个告诉孩子在日常生活中遵守约定的重要性的绝佳机会。

父母也可以通过下面的场景来教育孩子。比如孩子说："我保证不……那过生日的时候妈妈要给我买××噢。"如果孩子没有遵守约定，即使妈妈已经准备好了生日礼物，也要对孩子说："因为你没有遵守约定，所以这次就得不到礼物了！"然后甚至可以真的把礼物扔掉。

父母不要觉得"礼物都已经买回来了，扔掉太可惜了……"，也不要偷偷地将礼物藏起来，"等孩子认识到错了再送给他"。因为有时候这种做法还不如直接扔掉更有效。

把新买的礼物扔掉，就如同直接将钱丢进垃圾桶，的确会让人觉得可惜。但你要知道，只有这样做，才能让孩子明白"不遵守约定就不能如愿以偿"的道理。

◎ 奥田老师应用题
孩子吃饭时总爱来回走动，怎样才能帮他改掉呢？

遇到这种情况时，父母首先要跟孩子约好"吃饭时要老老实实地坐在凳子上哟"。如果当天正好有孩子爱吃的甜点，也要事先跟孩子说："如果不遵守约定就吃不到甜点了哟。"当孩子依旧和往常一样来回乱动时，要警告孩子："再不坐好，甜点

第3章 "家长主导"而非"孩子主导",才能培养出"懂得克制的孩子"

就归妈妈一个人喽!"如果孩子还是不听,妈妈要迅速拿走饭桌上的甜点。吃饭是孩子的基本权利,父母不可以剥夺,但**甜点属于特权,妈妈可以视情况决定是否收回这一特权**。具体做法我们将在后文进行详细说明。

孩子稍稍不合心意就乱发脾气？

案例17 我家孩子一旦不合他心意，就会哭个不停

儿子今年5岁。一家人一起外出吃饭时，爸爸提议说："今天咱们吃烤肉怎么样？"孩子便会立刻不高兴地说："我想吃回转寿司！"有时还会哭个不停。怎样才能让孩子听话呢？

教育秘诀

有些情况下，即使孩子撒娇、发脾气，家长也应该坚持自己的主张。

第3章 "家长主导"而非"孩子主导",才能培养出"懂得克制的孩子"

是否需要"一切以孩子为重"?

育儿过程中,父母会经常遇到上面提到的这种情况。不过,有的父母或许不会遇到。如果事先做好准备,不给孩子乱发脾气的机会,就可以避免这种情况的发生。

当前,越来越多的家庭都认为应该一切以孩子为重。比如,一家人外出吃饭时,通常都会问孩子"你想吃什么?",让孩子自己作出选择。就算父母和孩子的想法不一致,多数情况下父母都会作出让步:"那咱们就去小拓喜欢的那家店吧!"妈妈这时可能也会对爸爸说:"既然孩子想吃回转寿司,就听他的吧!"

尤其是妈妈,她会觉得"爸爸平时也不怎么管孩子,好不容易一块儿出去吃顿饭,就听孩子的吧"。而且关键是爸爸也觉得妈妈说的有道理,于是就对孩子作出了让步。

或许有人会认为,出去吃个饭,父母还要跟孩子争,实在是太没有大人样儿了,去哪儿吃都无所谓,关键是要让孩子高兴。但实际上,类似外出吃饭这样的场合也是孩子成长和进步的一个重要机会。我坚持认为,应该去爸爸想去的那家店。

外出吃饭是教孩子学会克制和服从的好机会

听这个孩子的父母说,孩子其实也很喜欢吃烤肉。对孩子来说,不管去哪家店,外出吃饭都是一件愉快的事情。

当孩子发牢骚说"我不想去'炭烧亭',我想吃回转寿司!"时,父母只要对孩子说:"回转寿司也不错,不过'炭烧亭'的烤肉也很好吃哟!快点走吧!"然后不管孩子怎么撒娇,也要告诉他"因为晚饭是爸爸买单,所以得听爸爸的"。

这样，可以训练孩子学会服从父母的决定。虽然外出吃饭只是一件小事，却能让孩子学会克制。所以，父母和孩子的意见出现分歧的时候，正是孩子得以成长和进步的好机会。

但是，当我在演讲中提到这个观点时，有的父母会质疑说："无视孩子的意愿，不就等于是践踏孩子的人权吗？""不给孩子自己作决定的机会，会不会伤害孩子的自尊心？"

现在很多父母都认为，强迫孩子去做他不愿意做的事是对"孩子人权"的一种践踏，认为在教育孩子的过程中，不可以伤害"孩子的自尊心"。

对于没有必要让孩子作决定的事，就没必要征求孩子的意见

让人担心的是，很多从事育儿工作的人，比如教育工作者、保育员等也持有这样的误解。

当然，让孩子去做他愿意做的事，能使孩子得到更大的锻炼和成长，但凡事都让孩子自己作决定的做法是不可取的。孩子在成年以前，必须要学会很多事情，比如自我克制、服从、遵守约定，等等。

我曾听一个牙科大夫说起过这样一件事情。

有一天，一位妈妈带着刚上小学的孩子来看牙。医生看到孩子有一颗牙齿松动了，便说："这颗牙得拔掉了。"这时，孩子的妈妈非常认真地对医生说："你稍等一下，我想先问问孩子他愿不愿意把这颗牙拔

第3章 "家长主导"而非"孩子主导",才能培养出"懂得克制的孩子"

掉。"

牙科大夫有点吃惊,马上继续对这位妈妈说:"如果现在不拔掉的话,会影响孩子牙齿的美观,我觉得还是拔掉为好。"可是这位妈妈又说:"那能不能麻烦你跟我家孩子解释一下?"

这位妈妈不想影响孩子牙齿的美观,其实还是希望把那颗松动的牙齿拔掉的。但她过于尊重孩子的意见,如果孩子不同意拔牙,她应该也不打算强迫孩子。这里,我想问问这位妈妈,如果孩子不愿意打流感疫苗,你也打算继续听孩子的吗?我只能说,妈妈的这种态度只是在一味地"迎合孩子"。

对"孩子权利"的误解会使孩子越来越任性

在育儿指导过程中,我也会经常遇到下面这种情况。

孩子已经上小学1年级了,但如果妈妈不送他的话,他自己就去不了学校。当然,有时候他也可以自己去,但有时却会找不到教室。孩子会哭着对妈妈说:"妈妈陪我一起去!""妈妈不要走!"妈妈觉得孩子很可怜,也就不忍心让他一个人去学校。这位妈妈问我有没有什么办法能让孩子不再这么依赖父母。

这种情况下,答案只有一个,那就是"妈妈要学会放手"。大多数妈妈肯定会觉得我的回答太过无情了,明明是想知道"无法对孩子放手时该怎么办",得到的答案却是"要学会放手"。

妈妈一直都不想让孩子伤心,也不想让孩子不高兴,所以越来越放不下孩子。孩子上小学后,必须要让他学会独立,但正是因为妈妈不能放手,才会导致孩子过分地依赖父母。

如果是因为其他更加严重或者具体的原因,比如孩子在学校受到欺负所以才不敢一个人去学校，那就需要进行具体的处理，但现在只是孩子过分地依赖父母而已，如果这时父母仍然觉得"孩子哭了很可怜""不忍心让他一个人去学校"，肯定不利于增强"孩子的自尊心"。

很多父母在教育孩子方面往往过于谨慎，担心"自己会不会侵犯到'孩子的权利'"，甚至有的父母还会担心"别人会不会以为我在虐待孩子"。

什么是真正意义上的"尊重孩子的个性"？

为什么人们会如此在意诸如"孩子的人权""孩子的自我主张"等说法呢？我认为主要有以下两个方面的原因：

一是因为现在生活越来越富足。当然，那些"唯物质生活至上"的人们可能会说："生活富足有什么不对吗？""原因不仅仅是因为生活富足了吧？"但事实上，不管是食物还是玩具，人们都有了很大的选择余地，孩子从小就能按照自己的意愿来选择他喜欢的东西。以前暖炉上只摆着酸酸的橘子，而现在，孩子在物质生活上的选择明显增多，各种果汁、碳酸饮料、茶点、点心、冰激凌应有尽有。单从电视频道的数量也能看出与以前的不同。家里有好几台电视的家庭中，"遥控器掌控权"这个词早已过时了。

当今社会，人们可选择的余地明显增大，所以父母自然会觉得孩子也应该有作出选择的权利（不过一些相对贫困的国家还达不到这种程度）。

另外一个原因就是教育层面的误导。

比如，绘画等艺术类的培训班中，必定会标榜"要重视孩子的个性"。他们认为，孩子想画什么就让他画什么，这有利于孩子个性的发展，而且能够从整体上提高教育质量。

的确，在艺术等需要一定创造力的领域，这种观点是无可厚非的，但这和父母教育孩子是两回事，不可混为一谈。

但是，"重视个性"这种说法非常惹人眼球，家长很容易受到它的影响。因此，很多父母会把它应用到整个育儿过程中，认为不管什么事都应该让孩子自己作出选择。

让孩子知道"很多时候由不得自己"

那么，父母怎样才能不受制于"孩子的权利"，让孩子学会克制呢？

我们还回到刚才案例中提到的外出吃饭的话题。

类似外出吃饭这样的日常小事，是家长教育孩子的大好机会。当孩子提出"想吃回转寿司"时，父母应该坚持带孩子去大人自己想去的"炭烧亭"。这种经历可以让孩子知道"很多时候由不得自己""并不是每件事都能如自己所愿"，这对于孩子的成长来说是非常重要的。

一家人出去吃饭，当孩子说"想吃回转寿司"时，爸爸要坚持带孩子去自己想去的"炭烧亭"；下次外出吃饭时，孩子又说"想吃回转寿司"，这时，爸爸已经有主张的话，依然要坚持自己的主张："不行，今天我们吃金将饺子。"经过不断的练习，孩子会发现去哪儿吃饭是由爸爸说了算，也就能逐渐学会接受爸爸的提议。慢慢地，孩子就会明白，"反正爸爸也不会带我去吃回转寿司"，于是便不再坚持。父母估摸着孩子快要放弃时，可以对他说："今天由小拓来决定去哪儿吃饭吧。"

这时，孩子一定会大吃一惊："不会吧，竟然让我来决定！"因为孩子之前一直没吃到"回转寿司"，所以听到父母愿意带自己去时，肯定会非常高兴。孩子甚至有可能会说："想去之前去过的'炭烧亭'！"因为孩子之前一直不想去"炭烧亭"，就想吃回转寿司，所以，这次感到意外和高兴的应该是爸爸了。因为在这个过程中，孩子得到了很大的锻炼和成长。

关键是要让孩子明白"有的时候必须服从"

日常生活中，有很多时候可以让孩子自己作出选择。比如父子俩一起玩电子游戏，孩子说："我想玩'大金刚'。"而爸爸说："可是爸爸想玩'马里奥赛车'。""可是人家想玩'大金刚'嘛！"这时，爸爸可以作出让步："那好吧，咱们就玩'大金刚'！"

也就是说，并不是所有的事情都不能让孩子自己作决定，但一定要让孩子知道，有些时候必须要听从别人的意见。这个道理可以通过外出吃饭或者其他的机会来教给孩子。

就算是成年人，很多时候也不愿意去服从那些自己都不能信服的事，但有些时候人们不得不去接受一些无理的要求。在职场中，如果不懂得服从，就只能不停地换工作了。社会需要我们学会各种交流方式，比如提出适当的要求，或者接受对方的建议，等等。

因此，当孩子因为自己的要求得不到满足而哭个不停时，父母不需要去考虑怎样才能让孩子不哭，而应该想，只有让孩子知道生活中并不是任何时候都会如愿以偿的，才能有利于孩子的不断成长。

第3章 "家长主导"而非"孩子主导",才能培养出"懂得克制的孩子"

父母的态度决定了孩子能否遵守约定

案例18 孩子喜欢"预支"时间

儿子今年上小学1年级,我规定他一天只能玩1个小时的游戏,但他最近学会了向我"预支"游戏时间:"妈妈,求求你让我再玩10分钟吧,明天我少玩一会儿!"而且,他"预支"的时间也越来越长。我对他说:"前些天你多玩了10分钟,所以今天要减掉10分钟哟。"但这并不能阻止他"预支"游戏时间的行为,而且最近他一直处于"负债"状态。我该怎么处理这件事情呢?

教育秘诀

当孩子违反规定时,就取消他一次玩游戏的权利。

"借多少还多少"真的可行吗？

这位妈妈规定孩子"一天只能玩1个小时的游戏"，但孩子却总是喜欢提前预支时间，妈妈同意了孩子的请求，但条件是以后要扣除已经预支的时间。

乍一看，这种处理方式似乎无可厚非，但实际上，这位妈妈犯了一个很大的错误。那就是，孩子真的只要偿还预支的部分就可以吗？

我们可以把孩子向妈妈预支时间转换成现实生活中借钱的问题来考虑。

现实生活中，向别人借钱自然会相应地产生利息，没有人愿意把自己的钱白白地借给别人。所以，很多情况下，不可能"借多少还多少"。如果不停地借钱，又不去偿还利息，那么，欠款就会越来越多。

孩子不顾"一天只能玩1个小时"的规定，提前向妈妈预支时间，而妈妈则是利用另外的机会相应地扣掉孩子玩游戏的时间。这种处理问题的方式，其实就等于是在告诉孩子"借10万就只要还10万"。有的时候孩子还会赖账："我虽然借了10万，但我现在只能还8万。"

现实生活中可不允许你赖账。说到这里，很多人也许会承认说"那是自然"，但一到了教育孩子的问题上，可能又都会觉得："这位妈妈这么做也没什么错呀！"

违反规定必然要受到处罚

下面我们继续通过借钱的例子来考虑一下这个问题。

比如，有个人虽然每次只借一点点钱，但日积月累，欠款金额已经达到了1000万。现在这个人想要向银行贷款买房。

银行当然不会轻易地把钱借给一个已经负债1000万的人。

于是这个人决定申请破产，以结束自己的负债生活。宣告破产后，他的确可以不用再去偿还高额的欠款，但相应地，他可能很长一段时间内都不能再使用信用卡，汽车和房屋也会被没收。

也就是说，在现实社会中，借了钱必须要按期偿还，要不然利息就会像滚雪球似的不断增加。当欠款超过一定限额时，借钱的人必然会受到一定的约束和限制，甚至失去自由。

案例18中的这位妈妈在借给孩子时间时，无需利息，也无需任何担保，甚至也不会催促孩子偿还。明明知道孩子可能会赖账，也完全束手无策。妈妈的这种做法肯定不利于孩子的成长。

不仅要让孩子偿还"预支"的时间，还要规定第二天一整天不允许玩游戏

如果是我，我会告诉孩子："如果预支时间，那么明天一整天都不能玩游戏。"

除了玩游戏，玩电脑也是同样的道理。孩子已经习惯了玩游戏和玩电脑，妈妈突然不让玩了，他心里肯定会很痛苦。这时，孩子可能会哭闹、生气，甚至还会乱扔东西。

但是，父母不能因此而心软。不管孩子怎么发脾气，也不管他怎么折腾，父母只要告诉他"如果再闹下去，后天也不让玩哟"。

的确，如果突然有一天不能玩自己喜欢的游戏了，孩子肯定会哭个不停。或许有的父母怕惹孩子不高兴，或者不忍心剥夺孩子喜欢的东西。但是，问题的关键在于，现在是孩子先违反了"一天只能玩1个小时游戏"的规定。

可是，当看到孩子哭着央求自己"让我再玩一会儿""以后我一定

遵守时间"，乱发脾气，对父母动粗，或者情绪过于激动时，很多父母往往就容易忽视了"孩子违反规定在先"的事实。

现在，我们必须要改变这种做法，让孩子学会遵守规矩。为此，当孩子预支时间时，父母就要让他"一整天不能玩游戏"。

怎样分清孩子的"基本权利"和"特权"？

家长有权剥夺孩子的"特权"，"特权"不同于"受到保护的基本权利"。

比如，遇到案例18中的情况时，父母不可以对孩子说："因为你违反了规定，所以今天就不能吃晚饭了。"这种做法存在很大问题。

肚子饿了就要吃饭，这是人生存的基本权利。就好像身上脏了就要洗澡一样。剥夺孩子吃饭和洗澡的权利，必然会让人以为是"虐待"孩子而受到大家的谴责。

但玩游戏和玩电脑与此不同，它们不是人生存的基本需求，而是一种特殊的权利，也就是所谓的"特权"。

游戏机和电脑是孩子生活中的一种娱乐方式，可能是父母买给孩子的，也可能是孩子用自己的压岁钱和零花钱买来的。

不管孩子能从中得到多么大的满足和快乐，但即使没有游戏机和电脑，也不会对孩子的身心健康造成危害。

父母有义务保证孩子的基本权利，但却没有义务保证孩子随时随地享受特权。如果这些特权影响了孩子的正常生活，或者不利于孩子的成长，父母有权收回这些特权。

但是现在，很多人甚至会认为父母无权干涉孩子的特权。这正是对"孩子权利"的一种误解。我深刻地认识到，这也正是父母之所以会在育儿过程中感到烦恼和迷茫的原因所在。

家庭规则就等同于社会规则

在足球比赛中,当运动员收到两次黄牌警告时,就会被红牌罚下。这时,受到惩罚的一方队伍就只剩下10个队员,而对方却依然是11个人。这就会给队友带来很大的麻烦。

而且,被红牌罚下的队员将不能参加下一场比赛。如果他对裁决结果不服,在记者招待会上作出侮辱裁判的言论,或者采取明显有损运动员精神的言行,那么就会加重对他的处罚,他在接下来的几场比赛中都将失去参赛资格,弄不好还会被开除。

开车也是同样的道理。如果只是稍稍违反了交通规则,自然不会被吊销驾照,如果连续或者严重违反了交通规则,就会立即受到吊销驾照的处分。

也就是说,在现实生活中,一旦违反了规则,必然会受到处罚,而且处罚还会不断地累积。所以,**家长要让孩子从小就知道违反规则的严重性。**

孩子每预支一次时间,第二天一整天便不可以再玩游戏。这样一来,孩子为了不失去打游戏的乐趣,就只能遵守与父母的约定。既然制定了规则,即使孩子因为不能打游戏而乱发脾气,父母也应该坚持到底。

父母的坚持会让孩子发现,"就算发脾气,到头来吃亏的还是自己"。

如果在家里不训练孩子学会遵守规则,那么当孩子步入社会后,也很难做到这一点。在育儿过程中,希望父母们时刻都不要忘记思考这样一个问题:"我家孩子将来是不是能很快地适应社会呢?"

第4章

育儿构想越具体，
越有利于培养出自觉主动的孩子

你能具体说出"想培养出什么样的孩子"吗?

案例19 我家孩子一受批评就爱撒谎,真让人担心

女儿今年5岁,看完图画书后从来不会主动整理,我跟她说:"看完后要记得把书放回书架!"她明明没有整理,却骗我说:"已经放回去了!"或许她只是不想让我批评她,但我担心这样下去女儿会养成爱撒谎的习惯。

教育秘诀

在担心孩子会养成爱撒谎的习惯之前,父母应该先搞清楚自己有哪些"具体的育儿构想"。

孩子撒谎时，父母不能过于追究

大部分妈妈看到孩子对自己撒谎，都会感到非常震惊。

这时，很多父母都会担心孩子会养成爱撒谎的习惯，而且也不知道该怎样去批评和教育孩子。

假设有一个3岁的孩子，他偷吃了弟弟的三明治，却说："不是我吃的！"当妈妈问他："那是谁吃掉了呢？"他便用手指着椅子上画着的小熊说："是小熊吃了！"其实明明他的嘴角上还沾着三明治的碎渣儿。这时，妈妈非但不会生气，也不会担心孩子会养成爱说谎的习惯，反而还会想："这孩子太可爱了！"

因为这是孩子成长过程中的一个必经阶段。当遇到这种情况时，父母可以想："啊，孩子已经到了会说谎的年龄了！"

但案例19中的孩子已经5岁，说谎也不再会让人觉得可爱。在妈妈眼中，孩子说谎只是在"抵赖"，而事实也的确如此。不过，孩子之所以会"抵赖"，可能是不想让妈妈批评自己。为了不挨骂，她最终还是对妈妈说了谎，虽然这个谎言很快就被妈妈识破了。

也就是说，当孩子撒谎时，如果父母过于追究，孩子为了不受到处罚，就会继续说谎。如果父母想要找到证据证明孩子撒了谎，那么孩子自然而然就想去隐藏证据，这样，只会让孩子陷入谎言的无限循环当中。

而且，这样一来，孩子就会采取更高明的手段来说谎，就算他只有5岁，也已经能像大人一样自如地编造谎言。

如果父母想要改掉孩子爱说谎的习惯，就不能对孩子进行"批评式教育"。

比如案例19中的这位妈妈，就不应该从一开始就批评孩子："看完后要记得把书放回书架！"而是可以对孩子说："图画书还没收拾呀，我们一起把它放回书架好不好？"或者也可以用一种幽默的语气说："咦？这些图画书都是谁的呀？"

这种气氛下，孩子也就没有必要再去抵赖了。

当孩子开始露出想要动手整理的迹象时，妈妈一定要使劲儿地表扬孩子。

当然，父母都希望自己的孩子能够"坦诚"和"诚实"。要想培养出"坦诚"和"诚实"的孩子，父母就需要让孩子有绝对的安全感，让他知道，只要坦诚地道歉，父母就会原谅他。如果孩子好不容易认识到自己的错误，而父母却对他严加批评的话，孩子就会觉得"坦诚反而会吃亏"。所以，父母在教育孩子时一定要注意这一点。

发现孩子撒谎时，也不必惊慌失措

孩子在成长过程中，必然会出现一些让父母担心的问题，比如"撒谎""乱花钱""对待小朋友很粗暴"，等等。

当发现这些问题的端倪时，很多家长都会非常震惊："我家孩子怎么学会撒谎了？！"这时，父母不应该退缩，而是要明确自己的"育儿构想"，也就是要想清楚"想把孩子培养成一个什么样的人"。

提到"育儿构想"，或许有人会说："这有点太夸张了吧！"但在育儿过程中，具体的育儿构想的确非常重要，所以我想在这里跟大家探讨一下这个问题。

案例19中的这位妈妈应该是希望自己的女儿成为一个"能自己动手整理的孩子"。但有时，希望孩子"能自己动手整理"，其实是父母以自我为重的一种体现，其实就是父母"希望孩子别让自己操心""希望孩子不要给自己添麻烦"，等等。

缺乏远见的"模糊构想"不能成为育儿的"核心"

父母"希望孩子别让我操心""希望孩子不要给我添麻烦",其实只是为自身考虑,是一种看不清孩子的将来,且非常没有远见的构想。

如果父母将自己的这种愿望作为育儿构想,那么,当孩子把屋子弄得很乱时,妈妈就只会去批评孩子。"缺乏远见的构想"很难引导孩子朝着好的方向发展。

我们可以试着把"能自己动手整理"换成"爱整洁"。与"缺乏远见的构想"相比,"爱整洁"的思路要更开阔一些,但依然过于抽象,不够清晰。

如果问:"'爱整洁的孩子'具体是指什么样的孩子呢?"妈妈们可能也不知道该如何回答。育儿过程中,这种"模糊构想"也是很危险的,因为妈妈们并没有搞清楚"'爱整洁的孩子'具体是指什么样的孩子"。

如果妈妈一个劲儿地批评孩子"为什么不自己动手整理一下?",就会让孩子不得不继续撒谎,最终只会导致父母对孩子越来越失望,甚至会否定孩子的一切。

"育儿构想"要尽可能具体化

我希望妈妈们不要停留在"缺乏远见的构想"上,比如希望孩子"能自己动手整理";也不要拘泥于"模糊构想",比如希望孩子"爱整洁"。而是要有"具体的育儿构想",比如"希望孩子在上中学以前能够学会自己动手整理"。

有了具体的构想,妈妈就不会再去批评孩子:"我不是让你好好收拾一下吗?!"而是会耐心地想:"虽然孩子今天还做不到,或许到了明天就能自己动手整理了。"甚至能够轻松幽默地对孩子说："跟妈妈比一比看谁收拾得快！"

也就是说，"具体的育儿构想"不仅能引导孩子向好的方向发展，同时也有利于妈妈改进自己的育儿方式。

就算孩子明明没有收拾却谎称自己"收拾过了"，这时，如果父母能够耐心地、轻松地处理，孩子就不会再去撒谎和抵赖。在教育孩子的过程中，要注意不要让孩子养成说谎的习惯，不要让孩子屡次撒谎，或者编造越来越高明的谎言来欺骗父母。

生活中，有的人即使撒了谎也毫不在意。人是一种爱说谎的动物，有的人说谎后不会有任何的负罪感，而有的人却会因为自己撒了谎而感到内疚和痛苦。就算是成年人，也很少有人愿意主动承认自己说了谎。"我可能做得不对""我是不是伤害到了对方"，这种负疚感和内心的不快也是育儿过程中的重要课程。

"希望孩子能够善解人意"是典型的模糊构想

父母在制定育儿构想时，不要停留在"缺乏远见的构想"上，比如"只要学习成绩好就可以"，也不要拘泥于"模糊构想"，比如"希望孩子成为一个聪明的人"，父母应该制定"具体的育儿构想"，比如"希望孩子能自己解决问题并进行自主学习"。

在一项关于"你希望孩子长大后成为什么样的人"的问卷调查中，排在第一位的是"希望孩子能够善解人意"。但是，当问到"善解人意具体是指什么？"时，绝大多数妈妈都支支吾吾答不上来。所以，父母们不要仅仅停留在"希望孩子能够善解人意"，而是应该有更加具体的育儿构想。

或许有人会问："什么样的构想才称得上是具体的育儿构想呢？"简单说来，其实就是用"可以描述出孩子具体行为的语言"将父母对孩子的期望表达出来。比如：

- "希望孩子在看到有人需要帮助时，能主动上前帮忙。"
- "希望孩子能多照看一下弟弟。"
- "希望孩子能主动帮助老人，比如给老人让座。"

这样一来，父母就能描述出孩子具体的行为。在教育和培养孩子的过程中，父母需要不断地将自己的育儿构想具体化。

你能具体说出想把孩子培养成什么样的人吗？

比如：

"在别人需要帮助时，能主动上前帮忙的孩子"

"能帮妈妈照看妹妹的孩子"

"能主动给老人让座的孩子"

"愿意把玩具借给小朋友玩的孩子"

"能精神饱满地跟邻居问好的孩子"

"愿意对别人表示感谢的孩子"

"不说别人坏话、善于发现他人优点的孩子"

父母的育儿构想要能够想象出孩子的具体行为。

要制定利于孩子成长的育儿构想

在育儿过程中，妈妈不可能在任何情况下都能处理恰当。就像老师一样，有时也会对自己的不当处理感到后悔。

但如果能够制定出"具体的构想"，那么当妈妈感到烦恼和迷茫时，就可以回到原点重新审视自己的行为。"具体的构想"是育儿的指向标，妈妈可以一边摸索，一边引导孩子往好的方向发展。

另外，父母制定的"具体构想"也会在不知不觉中传达给孩子。

如果父母觉得"孩子只要成绩好就可以"，那么孩子就会伤心地认为"父母只看重成绩而不顾自己的感受"。这样，就很难培养出开朗且拥有良好人际关系的孩子。

但如果父母希望孩子"能自己解决问题并进行自主学习"，那么，当孩子看电视遇到不认识的地名时，父母就可以和孩子一起查阅地图和图鉴。有了"具体构想"，妈妈也就能自然而然地帮助孩子进行学习，或者能对孩子主动学习的行为进行表扬。当孩子查到"轻井泽町位于长野县"时，妈妈可以对孩子说："让妈妈看看，真的哎，还真的让你查到了呢！"然后可以继续就此跟孩子展开对话："轻井泽有车站吗？""嗯，好像有新干线。""是吗？下次我们可以一起去那里玩！"

在育儿过程中，父母需要努力营造出这样一种轻松的氛围。家长没有必要一直强迫孩子"快去学习！"，只要让孩子觉得查阅和发现是一件愉快的事情，父母就可以不用再去不断地催促孩子。因为如果是让孩子感到愉快的事情，他一定会主动去做。

妈妈们，你的育儿构想是不是已经成了你批评孩子的参照？是不是只是为了"不让孩子给自己添麻烦"才制定出来的？其实，"育儿构想"应该是在充分了解孩子的"喜好"和"兴趣爱好"的基础上制定出来的,是父母对孩子进行表扬的具体依据。

让孩子充满干劲儿的秘诀：适当利用孩子喜欢的东西

案例20 孩子对待足球训练的态度不积极

儿子今年8岁，三年前开始学习踢足球。前几天，我跟他说："你要是认真一点的话，肯定比现在踢得好！"但让我感到意外的是，他竟然对我说："我本来就没想好好踢！"但是，我看他好像还是挺喜欢踢足球的，所以希望他能在今后训练的时候稍微积极一点，于是便对他说："下次比赛要是能进球，妈妈就给你买高达的塑料模型！"但我担心用这种方式诱导孩子是不是不太好？

教育秘诀

如果父母知道"孩子现在最想要什么"，不妨以此来激发孩子的干劲儿。

你知道孩子最喜欢什么吗？

在育儿过程中，父母可以利用孩子喜欢或者感兴趣的东西，来引导孩子的行为，激发孩子的干劲儿。

有的教育学家和评论家会说："这种做法治标不治本，并不能真正激发孩子内心的干劲儿。"但我不这样认为。

我遇到过这样一位妈妈，她当时刚刚生下第二个孩子，结果，上小学的女儿就不愿意再去学校参加保育。尤其是妈妈休产假的那个暑假，女儿整天哭闹就是不肯去学校。她可能是觉得："妈妈明明在家，我为什么不能和妈妈待在一起呢？"

这位妈妈每天早晨都会尽力哄劝女儿去学校，但因为还要照顾刚刚出生的孩子，有时难免会忙不过来，妈妈又着急又不知道该怎么办，有时甚至会和女儿一起哭起来。

有一天，妈妈突然想到，女儿一直很喜欢收集小橡皮和小贴纸，于是妈妈就去文具店买了很多回来，然后把它们一个个装到可爱的盒子里，并逐一编上号码，作为女儿"抽奖"的奖品。抽奖签上也相应地写有1、2、3、4……的编号，妈妈把签折成三角形放到箱子里，然后对女儿说："每天从学校回来就可以抽一次奖哟。"

之后，女儿变得不再讨厌去学校。不仅如此，因为在学校里过得很愉快，每天回到家时她都会兴高采烈。

我听说了这件事，不由得赞叹："这位妈妈，你做得真棒！"

这里的关键在于，妈妈搞清了"孩子现在最喜欢什么"。妈妈买回来的小橡皮和小贴纸，可能都是50日元一个或者600日元12张的不怎么值钱的东西，但对孩子来说却充满了吸引力。如果父母不用心观察，可能就不会知道孩子到底喜欢什么。

女儿得到了自己喜欢的橡皮和贴纸，自然会很高兴，但让她更高兴的，是发现妈妈竟然这么在意自己，因为之前她一直觉得妈妈只关心弟弟而忽略了自己。

女儿从学校回到家里，妈妈也都会很关心地跟她聊天，这种愉快的经历不知不觉中使她的行为发生了改变。

"用东西吸引孩子"要注意方式、方法

而有的妈妈可能处理得并不好。

比如我曾经遇到过这样一位妈妈，9岁的女儿待在家里不肯去上学，于是妈妈就想陪她一起参加一个三日两夜的山村野营活动，但女儿不愿意，并有些生气地说："我不想参加什么野营！"

这个孩子一生气就不能控制自己的情绪和行为，而且她生气的频率越来越高。妈妈觉得"这样下去不行"，所以才想让她去参加一次野营。

看到女儿气得连声音都变了，这位妈妈就跟女儿说："听话，你不是一直想要一套动画片DVD吗？等野营回来妈妈就给你买！"

当孩子生气地说"我不想去参加什么野营"时，妈妈对她说："如果去，就给你买……"这种做法与其说是"用东西吸引孩子"，倒不如说是在贿赂孩子。这位妈妈一直以来就是以这种方式来教育孩子的。

遗憾的是，这种做法完全不可取，这与刚才那位妈妈通过抽签方式给女儿橡皮和贴纸的做法看上去相似，实则不同。那位妈妈并不是因为孩子生气想要安抚她，而是希望孩子能高高兴兴地去学校参加保育才给她买橡皮的。所以，当女儿从学校回来后，就让她抽签。孩子会充满好奇地打开三角形的奖签，并把上面的编号告诉妈妈，妈妈会把她抽中的

第4章 育儿构想越具体，越有利于培养出自觉主动的孩子

橡皮或者贴纸送给她。

但女儿不肯上学的这位妈妈的做法其实是完全不同的。孩子生气说一些粗鲁的话，于是妈妈便对孩子说："你要是听话，我就给你买……"这种做法会让孩子觉得，只要自己不高兴，妈妈就会给自己一些好处。所以孩子现在一不高兴就会满腹牢骚、毫不讲理，有时甚至还会动手打人。家里一直是孩子占主导地位，所以才导致了现在这种结果。

如果不得不"用东西吸引孩子"（说得直白一点，就是用诱饵引诱孩子）时，可以采取下面这种做法：

首先，当孩子说一些粗鲁的话时，就不要再跟她商量去野营的事。父母估计孩子不同意的情况下，最好的办法就是，在告诉孩子要去参加野营之前，先跟她说一说DVD合集的事："你不是一直想要……吗？妈妈觉得差不多可以给你买了。"孩子听到妈妈这样说，心里肯定会很高兴。这时，妈妈接着对孩子说："暑假时，妈妈想带你参加一个三日两夜的山村野营活动，你觉得怎么样？"

如果孩子说："啊？！我才不去参加什么野营活动呢！"那么，妈妈这时就可以收回刚才说过的话："那我可就不给你买DVD合集了！"

听到妈妈说不给自己买DVD合集了，孩子内心就开始打鼓了："虽然我不喜欢什么山村野营，但只要忍耐三天两夜，妈妈就会给我买DVD合集，要不，去一下也行……"

只要孩子有所动摇，事情就好办多了。即使孩子是为了得到DVD合集才极不情愿地去参加野营的，但只要她"肯去"，就等于成功了一半，说不定还会有意外收获，比如孩子可能还会觉得："野营还是挺有意思的！"等到了寒假，当妈妈又对女儿说"这次我们去野营一个星期怎么样？"时，孩子的态度可能就会有所缓和："去也行……"DVD合

集不仅改变了孩子长期以来的不良行为，同时还巧妙地减少了孩子发火的次数。因为这次的经历让孩子明白，发火对自己没有任何好处。

也就是说，"家长主导"而非"孩子主导"才是育儿成功的关键。有不少保育员和教育工作者对"家长主导""大人主导"等观点持反对态度。但严格来说，我们只是充分利用了孩子的一些喜好，来引导他向好的方向转变。所以，**育儿过程中关键是要充分尊重孩子的动机**。

激发孩子内在的"干劲儿"

案例20中提到的孩子肯定也有他自己喜欢的东西，父母只要巧妙地利用它，就可以改变孩子的行为。

橡皮和贴纸、动画片DVD合集、高达的塑料模型，这些都是父母用来引导孩子做出正确行为的"工具"，专业领域中称此为"外部动机"。在孩子刚开始做一件事情时，父母可以充分利用孩子的"外部动机"。

案例20中的这位妈妈真正担心的并不是孩子能不能进球，而是不知道该如何去发掘孩子踢足球的潜能。

的确，很多家长都会觉得"我家孩子好像总打不起精神"。这位妈妈听到孩子说"我本来就没想好好踢"，似乎受到了很大的打击。她担心这种状态持续下去，会影响到孩子将来的成长和发展。

但父母要明白一点，如果只是一味地担心和烦恼："孩子为什么总打不起精神？""孩子一直没有干劲儿该怎么办？"丝毫不能解决任何问题。

因此，父母首先要利用外部动机来巧妙地引导孩子。正如第1章中提到的，在孩子刚刚开始做一件事情时，不可以使用"棍棒"，也就是说不能总是批评孩子。如果孩子为了不挨骂才去做事，那结果也就可想而知了。

"用东西吸引孩子"也需要把握好时机和东西的量。为此,妈妈也会逐渐养成对孩子的行为进行观察的习惯。

孩子会非常敏感地感受到父母对自己的关注。因此,只要用对了方法,案例20中这位妈妈就能进一步发掘孩子的潜力。

即使孩子最初是受外部因素的影响,
但慢慢就能体会到活动本身的乐趣

8岁的孩子就应该能自己发现踢足球的乐趣了。

前些天,恰巧有一位前来咨询的妈妈,她也有着同样的烦恼。学校的足球场在放学后是对外开放的,这位妈妈希望我能对孩子的行为进行一些引导。她说:"可能是性格的原因,我家孩子做事总有点畏首畏尾的。"于是我问这位妈妈,孩子的哪些行为让她产生了这种感觉,她说,明明可以进入罚球区直接射门,可孩子却总是把球传给别人。妈妈和教练在旁边大声指挥说:"快点射门!就算踢不进也没关系!"但不管场外的大人多么着急,孩子最终依然选择了传球。

于是,我决定让这个孩子在罚球区内进行射门练习。我让他反复在球门附近来回运球,并最终射门。这种球基本上属于"幸运球",孩子有时也会踢偏了,但只要踢中,基本上球都能进。

也就是,通过不断的射门练习,让孩子体会进球的喜悦。当然,孩子每踢进一个球,我都会使劲儿表扬他。偶尔踢不中时,我就什么都不说,等他下次进球时再继续表扬他。他的妈妈看到这一幕,说她从来没见过孩子这么高兴地练习踢足球。妈妈比较心急,想让孩子接着练习从罚球区外进行射门,但那天,我最终还是坚持让孩子只在球门附近进行了愉快的练习。

这样做，可以在一定程度上激发孩子的干劲儿，会让孩子"想要在下次比赛中努力进球""想好好练习运球，争取能自己把球带进罚球区"。

孩子努力练习踢球，不是为了让妈妈给自己买塑料模型，也不是为了得到表扬，而是想要再次体验足球给自己带来的乐趣，这叫做"内部动机"。育儿的最终目标，不是培养服从指令型孩子，也不是培养为了得到奖励才肯去做的孩子，而是要通过提高孩子的内部动机，培养出"自觉主动型孩子"。

有一位著名的小提琴演奏家，他小的时候也是在父母的劝说下才开始拉小提琴的。据说他之所以会努力练习，刚开始是为了让父母表扬自己。后来上了小学，是为了引起同班女生的注意，再后来上了初中、高中，则是因为拉小提琴很受女孩子欢迎。

也就是说，刚开始拉小提琴时，可能是小提琴之外的事物触发了他的干劲儿，但渐渐地，小提琴演奏本身给他带来了越来越多的快乐。为了达到预期的效果，他肯定需要花费很长的时间进行训练。最初开始训练时，肯定不能立刻像老师那样演奏出美妙的旋律，所以，就需要一定的外在因素的支撑。

慢慢地，他自己就会发现"这儿还可以改进一下"，于是继续不断尝试，练习时间自然也会变长。经过不断摸索，他就会越来越觉得："哟，还不错！""刚才这首曲子很好听！"这样一来，也就不需要父母再去强迫他"快去练习"了。

在演奏会和会演中，观众热烈的掌声也会使他心情舒畅，而且他会因此而受到鼓励，不断开拓自己的音乐世界，提高自己的演奏水平。经过不懈的努力，最终成为了一名专业的小提琴演奏家。

鼓励和表扬,能让孩子学会发现他真正感兴趣的事

我相信,即使是像铃木一朗①那样一流的选手肯定也是同样的成长历程。铃木一朗最初也是因为爸爸的表扬才坚持下来的。但很快,这种外部动机就转化成了内部动机,比起得到别人的奖励和表扬,他更愿意去体会棒球本身带给他的快感。

父母在引导孩子做出某种行为时,可以适当利用一些外部动机,但同时也要考虑,这个活动本身是否能给孩子带来快乐。如果父母不去思考这些的话,孩子就有可能一直停留在外部动机阶段。

有的家长觉得只有内部动机才有价值,所以不愿意对孩子"使用奖励"。其实,这种想法大错特错了。因为这样的话,父母就会很容易觉得"孩子理所应当去做""通过学习就能体会到掌握知识的乐趣"。

在育儿过程中,父母是可以使用"外部奖励"的,但一定要注意方法。

> ◎ **奥田老师应用题**
> **给了孩子奖励,他却抱怨"太少了""能不能再多点"**
>
> 　　父母需要下工夫去搞清楚孩子的喜好。比如,刚才我们提到了动漫DVD合集,假设一套合集有5张DVD。我们可以把一套DVD合集分成6个部分,即5张DVD再加上装DVD的盒子。妈妈听到孩子"想要一套动漫DVD合集",便应允说:"好的,没问题。"之后,如果孩子遵守了约定,妈妈想要给他一些奖励,就可以从买来的DVD合集中拿出1张送给孩子。孩子看到妈妈只

---

① 铃木一朗,国际棒球明星。

给了自己1张DVD，可能会说："嗳，只有1张吗？真小气！"这时，妈妈要对孩子说："既然你说妈妈小气，那这1张也不给你了。"并且要真的将这张DVD装回盒子里。如果孩子真的特别想得到这套DVD，或许会马上道歉说："妈妈不小气，妈妈不小气，对不起！"否则，就说明DVD合集并不是孩子最想要的东西。

也就是说，父母不能听凭孩子摆布，即便是给孩子奖励，也应该从头到尾按照父母的意愿进行。父母没有必要"要多少给多少"。

这种处理方式看上去可能有些过于严苛，但会促使孩子"好好表现，争取尽快得到第2张DVD"，有利于促进孩子的健康成长。

父母应如何帮孩子一起渡过难关？

案例21 孩子突然说"不想去学校"

儿子今年9岁。有一天早上，他磨磨蹭蹭不肯起床，并对我说："今天我不想去学校了。"听到孩子说"肚子疼""想吐"，由于担心他的健康，就让他请假在家休息，结果，之后孩子就经常找借口不去学校。因为事出突然，我也不知该如何去处理。

教育秘诀

妈妈可以分析一下"孩子为什么不想去上学"。

当孩子说出让你震惊的话时……

妈妈看到孩子磨磨蹭蹭"不愿意去学校",或者去学校让孩子不开心时,都会非常担心地前来咨询。当然,也有的妈妈看到孩子从刚开始的"不愿意去学校"变成真正的拒绝上学时,才急忙赶来咨询。这种情况倒还可以接受,但不少父母等到孩子已经很长时间躲在家里拒绝上学时才来咨询,这就有些迟了。

当父母发现孩子"不愿意上学"时,会带孩子去儿童精神科、身心内科或者找心理顾问进行咨询。多数情况下,他们会给父母们一些建议:"孩子想休息的话最好让他休息一下。""孩子也需要充电。"

但事实是,孩子并不是"没有充满电的手机"。没有任何迹象表明,孩子请假在家休息就能重新打起精神并想要去学校。如果是手机的话,说明书上都会注明充电时间,按照这个时间给手机充电,就能达到理想的使用时效。父母如果听信了医生和心理顾问的话,事情就有可能发展到无可挽回的地步。

当孩子说出一些让父母感到吃惊的话时,父母应该怎样应对呢?这里,我们以案例21为例,来考虑一下具体的思路和处理方法。

基本思路就是,孩子"不想去学校",肯定是有原因的。

但不想去学校的原因也存在多种可能,父母不要马上就担心"孩子是不是在学校受欺负了……",也不要认定孩子"只是想逃学"而不去聆听孩子真正的心声。父母需要做的,就是要仔细地、冷静地去思考孩子为什么"不想去学校"。

那么,具体应该怎么做呢?

父母首先要仔细观察孩子请假在家时的样子。

当孩子说"不想去学校"时,父母可以从以下3点进行分析和处理。下面我们来逐一进行说明。

要关注孩子请假在家时的行为，
而不是只去听孩子说了什么

第1点，父母要考虑一下，当孩子请假在家时，是否额外得到了什么"东西和活动"。

请假在家时，可以看一整天电视。如果有兄弟姐妹，平时还要跟大家共用一台游戏机，请假不去学校的话，就可以一个人尽情地打游戏了。

这种情况下，家（或者房间）对孩子而言就像游乐园一样。这就成为孩子不去上学而愿意留在家里的动机。

或许，以前孩子曾因感冒请假，第二天身体有所好转，妈妈也就照常外出工作，孩子一个人在家里尽情地玩游戏，谁都没有批评他，这就让孩子"尝到了甜头"。

我们在序中提到了"天平法则"，也就是说，比起去学校，待在家里会让孩子觉得"更愉快"，于是自然就会倾向于请假不去学校。

但如果孩子直接对妈妈说："我想打游戏，所以不去上学了。"妈妈肯定不会同意。于是，孩子就会找一些借口，比如"老师很可怕"或者"肚子疼"，等等。

这时，父母需要关注的，不是孩子嘴里说出来的"想要请假"的理由，而是要注意观察孩子请假在家时的具体表现。关键是不能仅仅听信孩子嘴里说出来的理由。也就是说，妈妈不能一听到孩子说"老师很可怕"，就立刻大为恼火："怎么回事？！我这就找校长换掉他！"妈妈要自始至终保持冷静，并询问孩子："发生了什么事情？"如果允许孩子请假，那么就要仔细观察孩子在家的一举一动。

第2点，父母要想一下，孩子请假在家，是否得到了更多的"关注"。

"希望得到别人的关注",其实就是希望别人关心和在乎自己。这不仅仅限于想要得到别人的表扬和认可。有的人宁愿受到批评,也想得到更多的关注。

一般情况下,孩子早上上学前和妈妈的对话多是"我去上学啦""路上慢点"就结束了。但如果孩子对妈妈说不想去学校,那妈妈肯定会问他为什么。

"为什么不想去学校?""老师很可怕。""说什么呢,快点收拾一下去学校!""我不!""为什么不愿意去?!""我讨厌去上学!"……妈妈可能会既担心又生气,但是,与孩子之间的对话也会相应地增多。

正如前文提到的,对孩子而言,与妈妈进行对话本身就是一件"愉快的事情"。即便孩子受到妈妈的批评哭起来,但只要纵容了这种行为,那么,妈妈的训斥对孩子来说也是一种"理想的结果"。

妈妈是家庭主妇的情况下,如果孩子一直跟在妈妈身边不停地跟妈妈说话,或者当听到妈妈午饭前说"我出去买点东西"时,明明早上还说"肚子疼",现在却说"我能不能一起去?",这些都是孩子想要得到父母关注的典型事例。

这时,妈妈会想起心理顾问的话:"孩子拒绝上学,是因为他心里有事,要尽量多陪陪孩子,包容和母爱是最重要的。"虽然妈妈也觉得这话也未必那么可信,可最终还是对孩子作出了让步:"那就跟我一起去吧。"平时,本该是上学的时间,我却总会遇到妈妈带着孩子一起在超市买东西,或者一同在家庭餐馆吃饭。每当此时,我都会想:"这些孩子难道是儿童演员?抑或碰上了什么纪念日?"但后来我发现,几乎每天都会有这样的事情发生,所以也就否定了自己的想法。事实上,这只是一些"拒绝上学"的孩子。

如果家里还有其他兄弟姐妹，请假时就能一个人独占妈妈，孩子会觉得"请假了就能和妈妈待在一起"。如果像心理顾问说的那样，妈妈一直包容孩子的这种行为，那么很可能会导致"家里所有孩子都拒绝上学"。

和第1点一样，第2点也是说，孩子想要请假时说出的理由并没有那么重要。但依然有很多心理顾问认为"孩子说出的话是很重要的"，如果只听孩子的片面之词，就只会受到孩子的摆布，而看不到孩子内心真实的想法。总之，通过观察孩子请假在家时的行为，可以推断出他想要请假的真正原因。

孩子是不是在逃避什么？

第3点，父母要分析一下孩子是不是在"逃避和回避"不喜欢的东西。

这种情况下，即使父母想要强行把孩子带到学校，孩子也可能会赖在家里不肯出门，或者快到学校时就开始感到恐惧和害怕。有时虽然已经到了校门口，可孩子就是不肯进去。如果出现这种情况，就表明孩子或许真的在学校受到了同学的欺负，或者课堂发言让他感到了巨大的压力而不想去上课。这时，父母也应该对孩子的举动进行仔细观察。

当然，也有的孩子故意假装自己害怕去学校。也就是说，明明是想得到额外的"东西和活动"，或者是想得到更多的"关注"，却假装恐惧和害怕。如果单纯从表面来看，可能很难辨别孩子想要请假的真正动机，但只要允许孩子请假并仔细观察他在家的一举一动，就能知道孩子是不是真的在"逃避和回避"一些事情。

当孩子说害怕去上学时，妈妈可以对他说："那好，今天就在家休息吧。不过，你不能看电视，不能玩游戏，不能看漫画书，你要在自己的房间自习。"如果孩子愿意接受这些条件，就表明他很可能真的是在"逃避和回避"去学校。

这时，孩子口中的"老师很可怕"或者"受到同学的欺负"就极有可能是真的。这种情况下，父母要在放学后马上与学校取得联系，当然，要尽可能冷静地处理这件事情。即使孩子说"爸爸妈妈你们不要去学校"，也一定要在当天放学后带着孩子去学校了解事情的真相。

即便孩子说"你们要是去了学校，他们会变本加厉地欺负我"，父母也不能因此而不去学校。孩子担心即使父母去了学校，自己也"无法摆脱受人欺负的处境"，所以才会这样说。如果孩子真的受到了如此严重的欺负，父母就更不能置之不理了。如果因为父母的干预而使孩子受到了更加严重的欺负，那么就更应该从根本上杜绝此类欺凌事件的发生。

只在最关键的时候才能"一切以孩子为重"

多数情况下，这三种动机是互相重合的。孩子不想去上学，有时不仅仅是想在家玩游戏，或者不单单是想得到妈妈更多的关注，可能会同时存在多个原因。

另外，或许孩子在学校并没有受到欺负，而只是与同学吵了架才不想去上学的。

如果父母听信了孩子的话，而不去仔细观察他的行为和举动，就有可能看不到孩子不想去上学的真正原因。当孩子说不想去上学时，父母一定要仔细观察孩子的一举一动，大致确定"孩子原来是因为这个原因才不想去学校的呀"，然后再进行具体的处理。

如果孩子是为了得到额外的"东西和活动"才请假的，那么，当孩子肯去上学以后，或者当他帮忙做了家务后，作为奖励，父母可以允许孩子玩游戏或者看漫画；如果孩子是为了得到父母的"关注"，那么，妈妈周末时可以只带着这一周没有迟到、没有请假的孩子去家庭餐馆吃饭。反过来，如果孩子迟到和缺勤，或者没能达到预期的目标，就享受不到这些乐趣（特权），也就是我们第1章讲的"糖块和棍棒"（第12页）。

孩子不想去幼儿园或者学校时，肯定是有原因的

孩子请假时，家长要仔细观察孩子在家的一举一动。

案例21中提到的孩子，很有可能是在"逃避和回避"上学。这种情况下，父母一定要慎重处理。

不管是哪种情况，只要父母允许孩子请假，那么，这一整天就要一直"陪着孩子"。

这时，爸爸和妈妈都要尽可能地参与进来，要告诉孩子："你不愿意去学校我们都很担心，所以在你能重新去学校以前，爸爸妈妈会一直陪着你的。"即使公司有很重要的会议，爸爸也应该请假在家，因为孩子的成长才是最重要的。"你不想去学校肯定是有原因的，我们先来解决一下你的问题""我不会只顾自己去上班而丢下你不管的"，这才是父母应该采取的态度和姿态。当孩子不愿意去学校时，父母一定要予以**充分的重视**。

假设爸爸让孩子"尽量去上学"，然后便自顾去上班，妈妈对孩子说"那你一个人乖乖地待在家里哟"，然后也去工作了，这种处理方式非常危险，因为这就等于对孩子"置之不理"。

因此，即使孩子说"爸爸妈妈你们不用请假陪我"，父母也一定要一直陪着孩子。另外，也不要说"我让奶奶来陪你好不好"，把孩子丢给爷爷奶奶的做法也是不可取的。即使父母请假有可能会被单位开除，也要想"孩子不想去上学，我不能置之不理"，而不能成为"一切以工作为重"的父母。

父母要让孩子知道"我们真的很关心你"。这样，孩子就会跟父母讲真话。如果父母只是嘴上说"我们真的很关心你"，但又不肯请假在家陪孩子，这样下去，孩子就越来越不愿意跟父母讲出自己的心声。如果父母言行不一，孩子马上就会察觉。而且，孩子慢慢地也会学会欺骗父母。

"遇到问题可以随时找爸爸妈妈商量"，
家长的这种态度才是育儿的保障

当然，父母还是希望孩子不要遇到这种问题，但有时现实并不尽如人意。因为即便父母是很认真很正直的人，但孩子在成长过程中也会受到来自各个方面的影响，谁都无法预知什么时候会出现什么状况。

但是，父母可以事先做好准备，防患于未然。就像自然灾害，人们虽然不知道什么时候会遇到灾难，但可以事先做好一定程度的防灾准备。育儿也是同样的道理。为了能够应对孩子成长过程中的突发事件，我希望妈妈们平日里要事先做好以下准备：

妈妈要在孩子还小的时候，比如孩子刚刚上幼儿园时，就要告诉他：

"如果遇到什么不开心的事不愿意去幼儿园，一定要告诉妈妈哟！"

"到时候，爸爸妈妈都会请假在家陪你的哟！"

当然，人在一切顺利的时候，往往不会想到自己有一天会碰上不顺心的事。但人们为了防备病患，即使现在身体很健康，也会购买健康保险；为了防备火灾的发生，会购买火灾保险。正如前面提到的，就像防灾和保险一样，育儿过程中也要做好"偶发事件的防备"，父母要在孩子还小的时候，还没有遇到重大问题的时候，就事先考虑可能发生的情况。

父母在平时就要告诉孩子："如果遇到什么不开心的事，要随时告诉爸爸妈妈哟！" 这样做，就等于为育儿加了保险。这里需要注意的是，要从平时做起。如果等孩子遇到问题时再去问孩子，就有些来不及了。父母在听到孩子的苦恼而变得感情用事之前告诉孩子这些，等到孩子真的遇到问题时，才能尽早地进行解决和处理。

这种话只说一两次是不够的，要从孩子小的时候就不停地给孩子灌输这种观念，必须要让孩子铭记在心。

如果从孩子4岁左右起父母就经常对他说："遇到不开心的事，可以随时跟爸爸妈妈商量。"那么等到孩子上小学时，即使他觉得"有点不太想去学校"，也不太会毫无理由地请假。因为在这之前，只要碰到不开心的事，他都会跟父母商量。如果父母嫌麻烦，打断孩子的话并跟他说："妈妈现在很忙，过会儿我们再聊好不好？""不要老抱怨，快点去学校！""再忍一忍！"孩子虽然当时可能不会再说什么，但他的沉默表明他已经对父母感到失望。孩子进入青春期后，就会嫌父母"麻烦"、"啰唆"，正因为如此，更要让孩子从小就不断体会到"一旦有什么事，父母随时都会陪在自己身边"。

父母平时不吝惜时间与孩子进行沟通和交流，那么孩子一定能够感受到父母对自己的关爱。父母在孩子遇到问题前不断地告诉他应该怎么做，那么，也就会不知不觉地保持与孩子之间的频繁交流。

对父母和孩子来说，这都是渡过难关的预防措施。因此，也就等于是给育儿上了保险。

我希望父母们能够记住，平时与孩子进行沟通和交流，不仅适用于孩子"不愿意上学"的问题，同时也有利于预防和解决孩子成长过程中遇到的各种问题，比如"我和好朋友××吵架了""同学们都不愿意和我交朋友""班里有同学欺负我但谁都不帮我"，等等。

妈妈的每一点改变，孩子都能感受到

妈妈们，读到这里，你是不是有了一些收获呢？

书中列举的各种"不可取的做法"，我想很多妈妈看到后都会有所触动："啊，我以前也犯过这样的错误。"那么，在你尝试了我提出的"可以试着这样做"之后，育儿生活是不是发生了很大变化呢？

如果父母只希望孩子作出改变而不去改变自己，未免有些太自私了。父母如果能改变自己的育儿方式，并始终如一地坚持下来，那么孩子一定会发生变化。

我相信，你已经明白，育儿过程中，表扬孩子的机会比比皆是。而且，你肯定也已经意识到，即使不去批评孩子，孩子也在不断地朝着好的方向发展。

之前孩子一直不听话，现在却能够自己动手去做事，或者与以前相比有了很大的转变，看到这些，你是不是对育儿更加自信了呢？

孩子是否有这种"能做到""做到了"的经历，会给孩子的成长带来很大的不同。

这种经历不仅对孩子来说很重要，对父母而言也同样重要。

读完本书，相信妈妈们一定会更加了解自己的孩子，心里应该不再那么焦虑，也不再对育儿感到恐惧和烦恼。

只要你不再那么焦虑和不安，就说明你已经有了很大的收获。

妈妈们，你有没有发现，其实变化最大的正是你自己。

孩子最能敏感地感受到妈妈的转变。

如果孩子觉得"（妈妈总是面带微笑）感觉不错""（妈妈没有生气）很高兴"，那么孩子也就自然而然地会多一些微笑，会对生活充满热情和干劲儿。

看到孩子的转变，妈妈自然也会更加高兴。而且肯定会比以前更加关注孩子。

这就在育儿过程中形成了一种良性循环：每天都是让人高兴的事。

本书列举的21个案例，都是我在进行育儿指导工作中经常遇到的。有妈妈们在育儿时遇到的烦恼，也有妈妈们对孩子的担心；妈妈希望孩子听话，但孩子却不肯配合，妈妈担心孩子不能改掉坏习惯。

假设孩子是一棵树，那么，妈妈所担心的，正是这棵树上伸展出来的树枝顶端随风晃动的树叶。

或许你会觉得，一片树叶对整棵树来说没有太大的价值。但如果给予它充足的阳光和营养，这根树枝上的其他树叶同时也会吸收养分。

第4章　育儿构想越具体，越有利于培养出自觉主动的孩子

当每一片树叶都生机勃勃时，整棵大树也会充满无限的能量。树干也会越来越粗，越来越强壮。

如果父母只是一味地担心和烦恼，而不采取任何措施，就如同不给树叶充足的光照，不管是父母还是孩子都会缺乏活力。

妈妈们，让我们先从一片小小的树叶开始，帮助孩子纠正你所担心的行为，制定可行性目标，着手解决育儿过程中的烦恼吧。

后　记

　　我的专业是"应用行为分析学",但本书尽量使用通俗易懂的语言进行了相关内容的讲解。参加综艺节目以及专门为高中生开设辅导课时也是同样,在对专业案例进行解释说明时,我都尽量避免使用专业词汇。

　　在着手撰写本书之前,出版社给我提了很多有关育儿方面的案例,想让我以答疑的形式完成本书,真是给我出了一个大难题。如果只写一些有关育儿咨询的内容,就容易写成个案研究。于是,我和出版社的工作人员一起,从中选出了一些日常育儿过程中容易遇到的问题,然后,在此基础上,我补充了一些妈妈们可能会产生共鸣的案例。

　　在另外一本书中我也曾提到过,一个问题可以有多种解决方案。本书列举的21个案例都是开放性的,就像"在'□+□=10'的□里填上合适的数字,要求两者相加等于10"这样的形式。

　　因此,针对每个案例,本书只是列举出了多种解决方案中的一种,而绝不是要求妈妈们"逐字逐句必须按照书里写的去做"。希望各位家长在阅读本书时,能够采取一种开放的姿态:"啊,原来还可以这样做!""这样做的确很有道理!"但前提是,解决问题的方法必须要正确,就像刚才的例子,"□中可以填入任意数字,但'2+7=10'是不成立的"。

　　育儿就像一场战斗,育儿指导也是一场战斗。也正因如此,只要认真对待,就会产生出许多情感,有时可能不够理性,有时会因为忙碌而向现实低头,这就是人的本性。有时甚至会模仿相田光男①作品的风格自我宽慰:"真是没有办法了,要不暂且先这样吧。"但是,其中的"暂且先这样"并不是妥协的意思,无数次的努力挣扎,无数次的失败,但失败后仍然继续努力挣扎和奋斗。在这个前提下,再"暂且先这样""暂且承认现实,但要继续朝着目标奋进"。

虽然生活中会遇到很多难题,但我会毫不妥协地坚持进行育儿指导。

我喜欢正直、实诚的孩子。我所追求的,也正是这样一个简单的目标,但我却因此而精疲力竭。我并不是在说一些冠冕堂皇的话,因为我的观点有时会与其他人不一样,所以自然需要随时准备迎接"战斗"。很多时候不得不去做一些与目标背道而驰的事情,但我会毫不妥协地继续"战斗",并且也将"战斗"写进了育儿书。如果妈妈们能够理解我的这个再简单不过的目标,我将感到无比荣幸。

在本书执笔过程中,大和书房的长谷部智惠从编辑和为人父母两个角度,为我提出了很多宝贵的意见。这些意见和建议都是非常重要和难得的。在长谷部智惠的帮助下,我不到一年时间就完成了本书,在此表示诚挚的谢意。

2011年11月18日

奥田健次

于浅间山山麓 西轻井泽

---

① 相田光男,日本著名诗人、书法家。

图书在版编目（CIP）数据

不批评才能培养出自觉主动的孩子 /（日）奥田健次著；李友敏译. —— 北京：北京联合出版公司, 2014.5（2021.11重印）
ISBN 978-7-5502-2993-8

Ⅰ.①不… Ⅱ.①奥… ②李… Ⅲ.①儿童教育－家庭教育 Ⅳ.①G78

中国版本图书馆CIP数据核字（2014）第092984号

SHIKARI ZERO DE "JIBUN KARA YARU KO" NI SODATERU HON
by Kenji Okuda
Copyright © 2011 Kenji Okuda
All rights reserved.
Original Japanese edition published by DAIWASHOBO Publishing Inc., Tokyo.

This Simplified Chinese language edition is published by arrangement with DAIWASHOBO Publishing Inc., Tokyo in care of Tuttle-Mori Agency, Inc., Tokyo

中文版权 © 2014读客文化股份图书有限公司
经授权，读客文化股份有限公司拥有本书的中文（简体）版权
著作版权合同登记号：01-2014-2297

不批评才能培养出自觉主动的孩子

作者：[日]奥田健次
译者：李友敏
责任编辑：徐秀琴
选题策划：读客文化 021-33608320
特邀编辑：杜丽君 曹君 胡艳艳 张福建
封面设计：吕晓枢 陈艳丽
版式设计：陈宇婕
责任校对：张新元 绳刚

北京联合出版公司出版
（北京市西城区德外大街83号楼9层 100088）
三河市龙大印装有限公司印刷 新华书店经销
2014年6月第1版 2021年11月第27次印刷
字数120千字 680毫米×990毫米 1/16 9印张
ISBN 978-7-5502-2993-8
定价：35.90元

如有印刷、装订质量问题，
请致电010-87681002（免费更换，邮寄到府）